Kaka för alla tillfällen 2023

En kokbok med söta och kreativa recept

Olivia Håkansson

Innehållsförteckning

Persikakaka 12
Apelsin och Marsala tårta 13
Persika och päronkaka 14
Fuktig ananastårta 15
Ananas och körsbärstårta 16
Natal ananastårta 17
Ananas upp och ner 18
Ananas och valnötstårta 19
Hallontårta 20
Rabarberkaka 21
Rabarber-honungstårta 22
Rödbetstårta 23
Morot och banankaka 24
Morot och äppelkaka 25
Morot och kanelkaka 26
Morot och zucchini kaka 27
Morot och ingefära kaka 28
Morot och nötkaka 29
Morots-, apelsin- och nötkaka 30
Morot, ananas och kokos tårta 31
Morots- och pistagekaka 32
Morot och valnötskaka 33
Kryddad morotskaka 34
Morot och farinsockerkaka 36

Zucchini och märgkaka ... 37

Zucchini och apelsinkaka ... 38

Kryddad Squashkaka ... 39

Pumpa tårta ... 41

Fruktad pumpakaka ... 42

Kryddad pumparulle ... 43

Rabarber och honungstårta ... 45

Sötpotatistårta ... 46

Italiensk mandelkaka ... 48

Mandel och kaffe Torte ... 49

Mandel- och honungstårta ... 50

Mandel- och citronkaka ... 51

Mandelkaka med apelsin ... 52

Rik mandelkaka ... 53

Svensk makronkaka ... 54

Kokoslimpa ... 55

Kokos tårta ... 56

Gyllene kokosnötskaka ... 57

Kokos lager tårta ... 58

Kokos- och citronkaka ... 59

Kokos nyårstårta ... 60

Kokos och Sultana tårta ... 61

Crunchy-toped nötkaka ... 62

Blandad nötkaka ... 63

Grekisk nötkaka ... 64

Iced valnötstårta ... 65

Valnötstårta med chokladgrädde ... 66

Valnötstårta med honung och kanel 66
Mandel- och honungsstänger 67
Smulbars av äpple och svartvinbär 70
Aprikos- och havregrynsstänger 71
Aprikos Crunchies 72
Nötiga bananstänger 73
Amerikanska Brownies 74
Choklad Fudge Brownies 75
Valnöt och choklad brownies 76
Butter Bars 77
Cherry Toffee Traybake 78
Chocolate Chip Traybake 79
Cinnamon Crumble Layer 80
Kläskiga kanelstänger 81
Kokosbars 82
Smörgåsbarer med kokos och sylt 83
Dadel och Apple Traybake 84
Dadelskivor 85
Mormors dejtstänger 86
Dadel- och havregrynsstänger 87
Dadel och valnötsstänger 88
Fig Barer 89
Flapjacks 90
Cherry Flapjacks 91
Choklad Flapjacks 92
Frukt Flapjacks 93
Frukt och nötter Flapjacks 94

Ginger Flapjacks 95
Nutty Flapjacks 96
Skarpa citronsmörkakor 97
Mocka och kokosrutor 98
Hej Dolly Cookies 100
Nötter och choklad kokos bars 101
Nötiga rutor 102
Apelsinpekannötskivor 103
Parkin 104
Jordnötssmörstänger 105
Picknickskivor 106
Ananas och kokos bars 107
Plommonjästkaka 108
Amerikanska pumpastänger 110
Kvitten och mandelstänger 111
Raisin Bars 113
Hallonhavre rutor 114
Sandkaka Kanel Maränger 115
Glacé Icing 116
Coffee Glacé glasyr 116
Citron Glacé glasyr 117
Orange Glacé glasyr 117
Rom Glacé Icing 118
Vanilj Glacé glasyr 118
Kokt chokladglasyr 119
Choklad-kokos Topping 119
Fudge Topping 120

Sweet Cream Cheese Topping 120
American Velvet Frosting 121
Smörglasyr 121
Caramel Frosting 122
Citronfrosting 122
Kaffe smörkräm Frosting 123
Lady Baltimore Frosting 124
Vit frosting 125
Krämig vit frosting 125
Fluffig vit frosting 126
Brunsockerglasyr 127
Vaniljsmörkrämfrosting 128
Vaniljkräm 129
Vaniljsåsfyllning 130
Dansk vaniljsåsfyllning 131
Rik dansk vaniljsåsfyllning 132
Crème Patissière 133
Ginger Cream Fyllning 134
Citronfyllning 135
Chokladglasyr 136
Fruktkaka glasyr 137
Orange Fruitcake Glaze 137
Mandelmarängrutor 138
Ängel droppar 139
Mandelskivor 140
Bakewell Tartlets 141
Chokladfjärilskakor 142

Kokoskakor 143

Söta muffins 144

Kaffeprickkakor 145

Eccles kakor 146

Fekakor 147

Fjäder-isade Fairy Cakes 148

Genuesiska fantasier 149

Mandelmakron 150

Kokosmakron 151

Limemakroner 152

Oaty Macaroons 153

Madeleines 154

Marsipankakor 155

Muffins 156

Äppelmuffins 157

Bananmuffins 158

Svarta vinbärsmuffins 159

Amerikanska blåbärsmuffins 160

Körsbärsmuffins 161

Chokladmuffins 162

Muffin med chocklad 163

Kanel muffins 164

Majsmjölsmuffins 165

Fikonmuffins av fullkorn 166

Frukt- och klimuffins 167

Havre muffins 168

Havregrynsfruktmuffins 169

Orange muffins 170

Peachy muffins 171

Jordnötssmörsmuffins 172

Ananas muffins 173

Hallonmuffins 174

Hallon och citronmuffins 175

Sultana muffins 176

Sirap Muffins 177

Sirap och havre muffins 178

Oat Toasties 179

Jordgubbssvampomeletter 180

Pepparmyntskakor 181

Russinkakor 182

Russin lockar 183

Hallonbullar 184

Brunt ris och solroskakor 185

Stenkakor 186

Sockerfria stenkakor 187

Saffranskakor 188

Rom Babas 189

Svampbollskakor 191

Choklad sockerkakor 192

Sommar snöbollar 193

Svamp droppar 194

Grundläggande maränger 195

Mandelmaränger 196

Spanska mandelmarängkex 197

Söta marängkorgar 198

Mandelchips 199

Spanska mandel- och citronmaränger 200

Chokladtäckta maränger 201

Chokladmintmaränger 202

Chokladchips och nötmaränger 202

Hasselnötsmaränger 203

Maränglagertårta med nötter 204

Hasselnötsmakronskivor 206

Maräng- och valnötslager 207

Marängbergen 209

Hallonkrämmaränger 210

Ratafia kakor 211

Karamell Vacherin 212

Enkla Scones 213

Rich Egg Scones 214

Apple Scones 215

äpple och kokos scones 216

Apple och dadel Scones 217

Korn Scones 218

Dejt Scones 219

Herby Scones 220

Persikakaka

Gör en 23 cm/9 i tårta

100 g/4 oz/½ kopp smör eller margarin, uppmjukat

225 g/8 oz/1 kopp strösocker (superfint).

3 ägg, separerade

450 g/1 lb/4 koppar vanligt (all-purpose) mjöl

En nypa salt

5 ml/1 tsk bikarbonatsoda (bakpulver)

120 ml/½ kopp mjölk

225 g/8 oz/2/3 kopp persikosylt (konservera)

Rör ihop smör eller margarin och socker. Vispa gradvis i äggulorna och vänd sedan ner mjöl och salt. Blanda bikarbonatet av läsk med mjölken, blanda sedan i kakblandningen, följt av sylten. Vispa äggvitorna hårt och vänd sedan ner i blandningen. Skeda i två smorda och fodrade 23 cm/9 i kakformar (formar) och grädda i en förvärmd ugn vid 180°C/350°F/gasmark 4 i 25 minuter tills de är väl jäst och fjädrande vid beröring.

Apelsin och Marsala tårta

Gör en 23 cm/9 i tårta

175 g/6 oz/1 kopp sultanor (gyllene russin)

120 ml/4 fl oz/½ kopp Marsala

175 g/6 oz/¾ kopp smör eller margarin, mjukat

100 g/4 oz/½ kopp mjukt farinsocker

225 g/8 oz/1 kopp strösocker (superfint).

3 ägg, lätt vispade

Finrivet skal av 1 apelsin

5 ml/1 tsk apelsinblomvatten

275 g/10 oz/2½ koppar vanligt (all-purpose) mjöl

10 ml/2 tsk bikarbonatsoda (bakpulver)

En nypa salt

375 ml/13 fl oz/1½ koppar kärnmjölk

Apelsinlikörglasyr

Blötlägg sultanerna i Marsala över natten.
Rör ihop smör eller margarin och socker tills det blir ljust och fluffigt. Vispa gradvis i äggen och blanda sedan i apelsinskalet och apelsinblomvatten. Vänd ner mjöl, bikarbonat av läsk och salt växelvis med kärnmjölken. Rör ner de blötlagda sultanerna och Marsala. Skeda i två smorda och klädda 23 cm/9 i kakformar (formar) och grädda i en förvärmd ugn vid 180°C/350°F/gasmarkering 4 i 35 minuter tills det är fjädrande vid beröring och börjar krympa bort från sidorna av burkarna. Låt svalna i formarna i 10 minuter innan du vänder upp på galler för att avsluta kylningen.
Smörgå ihop kakorna med hälften av apelsinlikörglasyren och bred sedan resten av glasyren ovanpå.

Persika och päronkaka

Gör en 23 cm/9 i tårta

175 g/6 oz/¾ kopp smör eller margarin, mjukat

150 g/5 oz/2/3 kopp strösocker (superfint).

2 ägg, lätt vispade

75 g/3 oz/¾ kopp fullkornsmjöl (helvete).

75 g/3 oz/¾ kopp vanligt (all-purpose) mjöl

10 ml/2 tsk bakpulver

15 ml/1 msk mjölk

2 persikor, stenade (urkärnade), skalade och hackade

2 päron, skalade, urkärnade och hackade

30 ml/2 msk florsocker (konditor), siktat

Rör ihop smör eller margarin och socker tills det blir ljust och pösigt. Vispa gradvis i äggen, vänd sedan ner mjöl och bakpulver, tillsätt mjölken för att ge blandningen en droppande konsistens. Vänd ner persikorna och päronen. Häll upp blandningen i en smord och klädd 23 cm/9 kakform (panna) och grädda i en förvärmd ugn vid 190°C/375°F/gasmark 5 i 1 timme tills den är väl jäst och fjädrande vid beröring. Låt svalna i formen i 10 minuter innan du vänder upp på galler för att avsluta kylningen. Pudra över florsocker innan servering.

Fuktig ananastårta

Gör en 20 cm/8 i tårta

100 g/4 oz/½ kopp smör eller margarin

350 g/12 oz/2 koppar torkad blandad frukt (fruktkakamix)

225 g/8 oz/1 kopp mjukt farinsocker

5 ml/1 tsk mald blandad (äppelpaj) krydda

5 ml/1 tsk bikarbonatsoda (bakpulver)

425 g/15 oz/1 stor burk osötad krossad ananas, avrunnen

225 g/8 oz/2 koppar självhöjande (självjäsande) mjöl

2 ägg, vispade

Lägg alla ingredienser utom mjöl och ägg i en kastrull och värm försiktigt till kokpunkten, rör om väl. Koka stadigt i 3 minuter och låt sedan blandningen svalna helt. Rör ner mjölet och rör sedan i äggen gradvis. Vänd blandningen i en smord och fodrad 20 cm/8 kakform och grädda i en förvärmd ugn vid 180°C/350°F/gasmarkering 4 i 1½–1¾ timmar tills den är väl jäst och fast vid beröring. Låt svalna i formen.

Ananas och körsbärstårta

Gör en 20 cm/8 i tårta

100 g/4 oz/½ kopp smör eller margarin, uppmjukat

100 g/4 oz/1 kopp strösocker (superfint).

2 ägg, vispade

225 g/8 oz/2 koppar självhöjande (självjäsande) mjöl

2,5 ml/½ tsk bakpulver

2,5 ml/½ tsk mald kanel

175 g/6 oz/1 kopp sultanor (gyllene russin)

25 g/1 oz/2 msk glacé (kanderade) körsbär

400 g/14 oz/1 stor burk ananas, avrunnen och hackad

30 ml/2 msk konjak eller rom

Florsocker, siktat, för att pudra

Rör ihop smör eller margarin och socker tills det blir ljust och pösigt. Vispa gradvis i äggen och vänd sedan ner mjöl, bakpulver och kanel. Rör försiktigt ner resterande ingredienser. Häll blandningen i en smord och klädd 20 cm/8 kakform (plåt) och grädda i en förvärmd ugn vid 160°C/325°F/gasmarkering 3 i 1½ timme tills ett spett i mitten kommer ut rent. Låt svalna och servera sedan pudrad med florsocker.

Natal ananastårta

Gör en 23 cm/9 i tårta

50 g/2 oz/¼ kopp smör eller margarin

100 g/4 oz/½ kopp strösocker (superfint).

1 ägg, lätt uppvispat

150 g/5 oz/1¼ koppar självhöjande (självjäsande) mjöl

En nypa salt

120 ml/½ kopp mjölk

Till toppingen:
100 g/4 oz färsk eller konserverad ananas, grovt riven

1 ätande (efterrätt) äpple, skalat, urkärnat och grovt rivet

120 ml/4 fl oz/½ kopp apelsinjuice

15 ml/1 msk citronsaft

100 g/4 oz/½ kopp strösocker (superfint).

5 ml/1 tsk mald kanel

Smält smöret eller margarinet och vispa sedan i sockret och ägget tills det skummar. Rör ner mjöl och salt växelvis med mjölken till en smet. Häll upp i en smord och fodrad 23 cm/9 kakform (panna) och grädda i en förvärmd ugn vid 180°C/350°F/gasmark 4 i 25 minuter tills de är gyllene och spänstiga.

Koka upp alla ingredienserna till toppingen och låt sjuda i 10 minuter. Skeda över den varma kakan och grilla tills ananasen börjar få färg. Kyl innan servering varm eller kall.

Ananas upp och ner

Gör en 20 cm/8 i tårta

175 g/6 oz/¾ kopp smör eller margarin, mjukat

175 g/6 oz/¾ kopp mjukt farinsocker

400 g/14 oz/1 stor burk ananasskivor, avrunna och saft reserverad

4 glacé (kanderade) körsbär, halverade

2 ägg

100 g/4 oz/1 kopp självhöjande (självjäsande) mjöl

Grädde 75 g/3 oz/1/3 kopp av smöret eller margarinet med 75 g/3 oz/1/3 kopp av sockret tills det är ljust och fluffigt och fördela över botten av en smord 20 cm/8 kakform (panorera). Ordna ananasskivorna ovanpå och pricka med körsbären, rundad nedåt. Rör ihop det återstående smöret eller margarinet och sockret och vispa sedan i äggen gradvis. Vänd ner mjölet och 30 ml/2 msk av den reserverade ananasjuicen. Skeda över ananasen och grädda i en förvärmd ugn vid 180°C/350°F/gasmarkering 4 i 45 minuter tills den är fast vid beröring. Låt svalna i formen i 5 minuter, ta sedan försiktigt ur formen och vänd upp på ett galler för att svalna.

Ananas och valnötstårta

Gör en 23 cm/9 i tårta

225 g/8 oz/1 kopp smör eller margarin, uppmjukat

225 g/8 oz/1 kopp strösocker (superfint).

5 ägg

350 g/12 oz/3 koppar vanligt (all-purpose) mjöl

100 g/4 oz/1 kopp valnötter, grovt hackade

100 g/4 oz/2/3 kopp glacé (kanderad) ananas, hackad

Lite mjölk

Rör ihop smör eller margarin och socker tills det blir ljust och pösigt. Vispa gradvis i äggen, vänd sedan ner mjöl, nötter och ananas, tillsätt precis tillräckligt med mjölk för att ge en droppande konsistens. Häll upp i en smord och klädd 23 cm/9 kakform (form) och grädda i en förvärmd ugn vid 150°C/300°F/gasmark 2 i 1½ timme tills ett spett i mitten kommer ut rent.

Hallontårta

Gör en 20 cm/8 i tårta

100 g/4 oz/½ kopp smör eller margarin, uppmjukat

200 g/7 oz/lite 1 kopp strösocker (superfint).

2 ägg, lätt vispade

250 ml/8 fl oz/1 dl syrad (mejerisyra) grädde

5 ml/1 tsk vaniljessens (extrakt)

250 g/9 oz/2¼ koppar vanligt (all-purpose) mjöl

5 ml/1 tsk bakpulver

5 ml/1 tsk bikarbonatsoda (bakpulver)

5 ml/1 tsk kakaopulver (osötad choklad).

2,5 ml/½ tsk salt

100 g färska eller tinade frysta hallon

Till toppingen:

30 ml/2 msk strösocker (superfint).

5 ml/1 tsk mald kanel

Rör ihop smör eller margarin och socker. Vispa gradvis i äggen, sedan gräddfilen och vaniljessensen. Vänd ner mjöl, bakpulver, bikarbonat, kakao och salt. Vänd ner hallonen. Skeda upp i en smord 20 cm/8 kakform (form). Blanda ihop socker och kanel och strö över toppen av kakan. Grädda i en förvärmd ugn vid 200°C/400°F/gasmark 4 i 35 minuter tills de är gyllenbruna och ett spett i mitten kommer ut rent. Strö över sockret blandat med kanel.

Rabarberkaka

Gör en 20 cm/8 i tårta

225 g/8 oz/2 koppar fullkornsmjöl (helvete).

10 ml/2 tsk bakpulver

10 ml/2 tsk mald kanel

45 ml/3 msk klar honung

175 g/6 oz/1 kopp sultanor (gyllene russin)

2 ägg

150 ml/¼ pt/2/3 kopp mjölk

225 g/8 oz rabarber, hackad

30 ml/2 msk demerara socker

Blanda alla ingredienser utom rabarbern och sockret. Rör ner rabarbern och skeda i en smord och mjölad 20 cm/8 i kakform (form). Strö över sockret. Grädda i en förvärmd ugn vid 180°C/350°F/gasmarkering 4 i 45 minuter tills den stelnar. Låt svalna i formen i 10 minuter innan du vänder ut.

Rabarber-honungstårta

Gör två 450 g/1 lb kakor

250 g/9 oz/2/3 kopp klar honung

120 ml/4 fl oz/½ kopp olja

1 ägg, lätt uppvispat

15 ml/1 msk bikarbonatsoda (bakpulver)

150 ml/¼ pt/2/3 kopp vanlig yoghurt

75 ml/5 msk vatten

350 g/12 oz/3 koppar vanligt (all-purpose) mjöl

10 ml/2 tsk salt

350 g/12 oz rabarber, finhackad

5 ml/1 tsk vaniljessens (extrakt)

50 g/2 oz/½ kopp hackade blandade nötter

Till toppingen:
75 g/3 oz/1/3 kopp mjukt farinsocker

5 ml/1 tsk mald kanel

15 ml/1 msk smör eller margarin, smält

Blanda ihop honung och olja och vispa sedan i ägget. Blanda bikarbonatet av soda i yoghurten och vattnet tills det lösts upp. Blanda mjöl och salt och tillsätt till honungsblandningen växelvis med yoghurten. Rör ner rabarber, vaniljessens och nötter. Häll upp i två smorda och fodrade 450 g/1 lb brödformar (formar). Blanda ihop ingredienserna till toppingen och strö över kakorna. Grädda i en förvärmd ugn vid 160°C/325°F/gasmarkering 3 i 1 timme tills den precis är fast vid beröring och är gyllene på toppen. Låt svalna i formarna i 10 minuter, vänd sedan upp på ett galler för att avsluta kylningen.

Rödbetstårta

Gör en 20 cm/8 i tårta

250 g/9 oz/1¼ koppar vanligt (all-purpose) mjöl

15 ml/1 msk bakpulver

5 ml/1 tsk mald kanel

En nypa salt

150 ml/8 fl oz/1 kopp olja

300 g/11 oz/11/3 koppar strösocker (superfint).

3 ägg, separerade

150 g rå rödbetor, skalade och grovt rivna

150 g/5 oz morötter, grovt rivna

100 g/4 oz/1 kopp hackade blandade nötter

Blanda ihop mjöl, bakpulver, kanel och salt. Slå i olja och socker. Vispa i äggulor, rödbetor, morötter och nötter. Vispa äggvitorna stela och vänd sedan ner i blandningen med en metallsked. Häll blandningen i en smord och klädd 20 cm/8 kakform (panna) och grädda i en förvärmd ugn vid 180°C/350°F/gasmark 4 i 1 timme tills den blir spänstig.

Morot och banankaka

Gör en 20 cm/8 i tårta

175 g/6 oz morötter, rivna

2 bananer, mosade

75 g/3 oz/½ kopp sultanor (gyllene russin)

50 g/2 oz/½ kopp hackade blandade nötter

175 g/6 oz/1½ koppar självhöjande (självjäsande) mjöl

5 ml/1 tsk bakpulver

5 ml/1 tsk mald blandad (äppelpaj) krydda

Saft och rivet skal av 1 apelsin

2 ägg, vispade

75 g/3 oz/1/2 kopp lätt muscovadosocker

100 ml/31/2 fl oz/lite 1/2 kopp solrosolja

Blanda ihop alla ingredienser tills det är väl blandat. Häll upp i en smord och fodrad 20 cm/8 kakform (panna) och grädda i en förvärmd ugn vid 180°C/350°F/gasmarkering 4 i 1 timme tills ett spett i mitten kommer ut rent.

Morot och äppelkaka

Gör en 23 cm/9 i tårta

250 g/9 oz/2¼ koppar självhöjande (självjäsande) mjöl

5 ml/1 tsk bikarbonatsoda (bakpulver)

5 ml/1 tsk mald kanel

175 g/6 oz/¾ kopp mjukt farinsocker

Finrivet skal av 1 apelsin

3 ägg

200 ml/7 fl oz/lite 1 kopp olja

150 g/5 oz ätande (dessert) äpplen, skalade, urkärnade och rivna

150 g/5 oz morötter, rivna

100 g/4 oz/2/3 kopp färdiga att äta torkade aprikoser, hackade

100 g/4 oz/1 kopp pekannötter eller valnötter, hackade

Blanda samman mjöl, bikarbonat av läsk och kanel och rör sedan ner socker och apelsinskal. Vispa ner äggen i oljan och rör sedan ner äpplet, morötterna och två tredjedelar av aprikoserna och nötterna. Vänd ner mjölblandningen och skeda i en smord och klädd 23 cm/9 i kakform (form). Strö över resterande hackade aprikoser och nötter. Grädda i en förvärmd ugn vid 180°C/350°F/gasmarkering 4 i 30 minuter tills den är spänstig vid beröring. Låt svalna något i formen och vänd sedan upp på ett galler för att avsluta svalningen.

Morot och kanelkaka

Gör en 20 cm/8 i tårta

100 g/4 oz/1 kopp fullkornsmjöl (helvete).

100 g/4 oz/1 kopp vanligt (all-purpose) mjöl

15 ml/1 msk mald kanel

5 ml/1 tsk riven muskotnöt

10 ml/2 tsk bakpulver

100 g/4 oz/½ kopp smör eller margarin

100 g/4 oz/1/3 kopp klar honung

100 g/4 oz/½ kopp mjukt farinsocker

225 g/8 oz morötter, rivna

Blanda samman mjöl, kanel, muskotnöt och bakpulver i en skål. Smält smöret eller margarinet med honung och socker och blanda sedan ner i mjölet. Rör ner morötterna och blanda väl. Häll upp i en smord och klädd 20 cm/8 kakform (panna) och grädda i en förvärmd ugn vid 160°C/325°F/gasmark 3 i 1 timme tills ett spett i mitten kommer ut rent. Låt svalna i formen i 10 minuter, vänd sedan upp på ett galler för att avsluta kylningen.

Morot och zucchini kaka

Gör en 23 cm/9 i tårta

2 ägg

175 g/6 oz/¾ kopp mjukt farinsocker

100 g/4 oz morötter, rivna

50 g/2 oz zucchini (zucchini), riven

75 ml/5 msk olja

225 g/8 oz/2 koppar självhöjande (självjäsande) mjöl

2,5 ml/½ tsk bakpulver

5 ml/1 tsk mald blandad (äppelpaj) krydda

Gräddostglasyr

Blanda ihop ägg, socker, morötter, zucchini och olja. Rör ner mjöl, bakpulver och blandad krydda och blanda till en jämn smet. Häll upp i en smord och klädd 23 cm/9 kakform (panna) och grädda i en förvärmd ugn vid 180°C/350°F/gasmark 4 i 30 minuter tills ett spett i mitten kommer ut rent. Låt svalna och bred sedan ut med färskostglasyr.

Morot och ingefära kaka

Gör en 20 cm/8 i tårta

175 g/6 oz/2/3 kopp smör eller margarin

100 g/4 oz/1/3 kopp gyllene (ljus majs) sirap

120 ml/4 fl oz/½ kopp vatten

100 g/4 oz/½ kopp mjukt farinsocker

150 g/5 oz morötter, grovt rivna

5 ml/1 tsk bikarbonatsoda (bakpulver)

200 g/7 oz/1¾ koppar vanligt (all-purpose) mjöl

100 g/4 oz/1 kopp självhöjande (självjäsande) mjöl

5 ml/1 tsk mald ingefära

En nypa salt

För glasyren (frosting):

175 g/6 oz/1 kopp florsocker (konditorer), siktat

5 ml/1 tsk smör eller margarin, uppmjukat

30 ml/2 msk citronsaft

Smält smöret eller margarinet med sirap, vatten och socker och låt sedan koka upp. Ta av från värmen och rör ner morötter och bikarbonat av soda. Låt svalna. Blanda i mjöl, ingefära och salt, häll i en smord 20 cm/8 kakform (form) och grädda i en förvärmd ugn på 180°C/350°F/gasmark 4 i 45 minuter tills den har fått en väl jäst och spänstig. beröringen. Vänd ut och låt svalna.

Blanda florsockret med smöret eller margarinet och tillräckligt med citronsaft för att göra en bredbar glasyr. Skär kakan på mitten horisontellt, använd sedan halva glasyren för att lägga ihop kakan och sprid eller sprid resten ovanpå.

Morot och nötkaka

Gör en 18 cm/7 i tårta

2 stora ägg, separerade

150 g/5 oz/2/3 kopp strösocker (superfint).

225 g/8 oz morötter, rivna

150 g/5 oz/1¼ koppar hackade blandade nötter

10 ml/2 tsk rivet citronskal

50 g/2 oz/½ kopp vanligt (all-purpose) mjöl

2,5 ml/½ tsk bakpulver

Vispa ihop äggulor och socker tills det blir tjockt och krämigt. Rör ner morötter, nötter och citronskal och vänd sedan ner mjöl och bakpulver. Vispa äggvitorna tills de bildar mjuka toppar, vänd sedan ner i blandningen. Vänd till en smord 19 cm/7 i fyrkantig kakform (form). Grädda i en förvärmd ugn vid 180°C/350°F/gasmarkering 4 i 40–45 minuter tills ett spett som sticks in i mitten kommer ut rent.

Morots-, apelsin- och nötkaka

Gör en 20 cm/8 i tårta

100 g/4 oz/½ kopp smör eller margarin, uppmjukat

100 g/4 oz/½ kopp mjukt farinsocker

5 ml/1 tsk mald kanel

5 ml/1 tsk rivet apelsinskal

2 ägg, lätt vispade

15 ml/1 msk apelsinjuice

100 g/4 oz morötter, fint rivna

50 g/2 oz/½ kopp hackade blandade nötter

225 g/8 oz/2 koppar självhöjande (självjäsande) mjöl

5 ml/1 tsk bakpulver

Rör ihop smör eller margarin, socker, kanel och apelsinskal tills det blir ljust och fluffigt. Vispa gradvis i ägg och apelsinjuice och vänd sedan ner morötter, nötter, mjöl och bakpulver. Häll upp i en smord och klädd 20 cm/8 kakform (panna) och grädda i en förvärmd ugn vid 180°C/350°F/gasmark 4 i 45 minuter tills den är spänstig.

Morot, ananas och kokos tårta

Gör en 25 cm/10 i tårta

3 ägg

350 g/12 oz/1½ koppar strösocker (superfint).

300 ml/½ pt/1¼ koppar olja

5 ml/1 tsk vaniljessens (extrakt)

225 g/8 oz/2 koppar vanligt (all-purpose) mjöl

5 ml/1 tsk bikarbonatsoda (bakpulver)

10 ml/2 tsk mald kanel

5 ml/1 tsk salt

225 g/8 oz morötter, rivna

100 g/4 oz konserverad ananas, avrunnen och krossad

100 g/4 oz/1 kopp torkad (strimlad) kokosnöt

100 g/4 oz/1 kopp hackade blandade nötter

Florsocker, siktat, för att strö över

Vispa ihop ägg, socker, olja och vaniljessens. Blanda samman mjöl, bikarbonat av läsk, kanel och salt och vispa gradvis ner i blandningen. Vänd ner morötter, ananas, kokos och nötter. Häll upp i en smord och mjölad 25 cm/10 kakform (form) och grädda i en förvärmd ugn vid 160°C/325°F/gasmark 3 i 1¼ timme tills ett spett i mitten kommer ut rent. Låt svalna i formen i 10 minuter innan du vänder upp på galler för att avsluta kylningen. Strö över florsocker innan servering.

Morots- och pistagekaka

Gör en 23 cm/9 i tårta

100 g/4 oz/½ kopp smör eller margarin, uppmjukat

100 g/4 oz/½ kopp strösocker (superfint).

2 ägg

225 g/8 oz/2 koppar vanligt (all-purpose) mjöl

5 ml/1 tsk bikarbonatsoda (bakpulver)

5 ml/1 tsk mald kardemumma

225 g/8 oz morötter, rivna

50 g/2 oz/½ kopp pistagenötter, hackade

50 g/2 oz/½ kopp mald mandel

100 g/4 oz/2/3 kopp sultanas (gyllene russin)

Rör ihop smör eller margarin och socker tills det blir ljust och pösigt. Vispa gradvis i äggen, vispa ordentligt efter varje tillsats, vänd sedan ner mjöl, bikarbonat av soda och kardemumma. Rör ner morötter, nötter, mald mandel och russin. Häll upp blandningen i en smord och fodrad 23 cm/9 kakform (panna) och grädda i en förvärmd ugn vid 180°C/350°F/gasmark 4 i 40 minuter tills den har fått en genomstekt, gyllene och fjädrande touch.

Morot och valnötskaka

Gör en 23 cm/9 i tårta

200 ml/7 fl oz/lite 1 kopp olja

4 ägg

225 g/8 oz/2/3 kopp klar honung

225 g/8 oz/2 koppar fullkornsmjöl (helvete).

10 ml/2 tsk bakpulver

2,5 ml/½ tsk bikarbonatsoda (bakpulver)

En nypa salt

5 ml/1 tsk vaniljessens (extrakt)

175 g/6 oz morötter, grovt rivna

175 g/6 oz/1 kopp russin

100 g/4 oz/1 kopp valnötter, finhackade

Blanda ihop olja, ägg och honung. Blanda gradvis i alla återstående ingredienser och vispa tills det är väl blandat. Häll upp i en smord och mjölad 23 cm/9 i kakform (form) och grädda i en förvärmd ugn vid 180°C/350°F/gasmark 4 i 1 timme tills ett spett som sticks in i mitten kommer ut rent.

Kryddad morotskaka

Gör en 18 cm/7 i tårta

175 g/6 oz/1 kopp dadlar

120 ml/4 fl oz/½ kopp vatten

175 g/6 oz/¾ kopp smör eller margarin, mjukat

2 ägg, lätt vispade

225 g/8 oz/2 koppar självhöjande (självjäsande) mjöl

175 g/6 oz morötter, fint rivna

25 g/1 oz/¼ kopp mald mandel

Rivet skal av 1 apelsin

2,5 ml/½ tsk mald blandad (äppelpaj) krydda

2,5 ml/½ tsk mald kanel

2,5 ml/½ tsk mald ingefära

För glasyren (frosting):

350 g/12 oz/1½ koppar kvarg

25 g/1 oz/2 msk smör eller margarin, uppmjukat

Rivet skal av 1 apelsin

Lägg dadlarna och vattnet i en liten kastrull, låt koka upp och låt sjuda i 10 minuter tills de är mjuka. Ta bort och släng stenarna (gropar), hacka sedan dadlarna fint. Blanda ihop dadlarna och vätskan, smöret eller margarinet och äggen tills det blir krämigt. Vänd i alla resterande tårtingredienser. Häll blandningen i en smord och fodrad 18 cm/7 kakform (panna) och grädda i en förvärmd ugn vid 180°C/350°F/gasmark 4 i 1 timme tills ett spett som sticks in i mitten kommer ut rent. Låt svalna i formen i 10 minuter innan du vänder upp på galler för att avsluta kylningen.

För att göra glasyren, vispa ihop alla ingredienser tills du har en bredbar konsistens, tillsätt lite mer apelsinjuice eller vatten om det behövs. Dela kakan på mitten horisontellt, lägg ihop lagren med halva glasyren och fördela resten ovanpå.

Morot och farinsockerkaka

Gör en 18 cm/7 i tårta

5 ägg, separerade

200 g/7 oz/lite 1 kopp mjukt farinsocker

15 ml/1 msk citronsaft

300 g/10 oz morötter, rivna

225 g/8 oz/2 koppar mald mandel

25 g/1 oz/¼ kopp fullkornsmjöl (helvete).

5 ml/1 tsk mald kanel

25 g/1 oz/2 msk smör eller margarin, smält

25 g/1 oz/2 msk strösocker (superfint).

30 ml/2 msk enkel (lätt) kräm

75 g/3 oz/¾ kopp hackade blandade nötter

Vispa äggulorna tills de blir skummande, vispa i sockret tills det är slätt, vispa sedan i citronsaften. Rör i en tredjedel av morötterna, sedan en tredjedel av mandeln och fortsätt på detta sätt tills alla är kombinerade. Rör ner mjöl och kanel. Vispa äggvitorna hårda och vänd sedan ner dem i blandningen med en metallsked. Vänd till en smord och fodrad djup 18 cm/7 kakform (panna) och grädda i en förvärmd ugn vid 180°C/350°F/gasmark 4 i 1 timme. Täck kakan löst med smörfast (vaxat) papper och sänk ugnstemperaturen till 160°C/325°F/gasmarkering 3 i ytterligare 15 minuter eller tills kakan krymper något från sidorna av formen och mitten fortfarande är fuktig. Låt kakan stå i formen tills den är precis varm, vänd sedan ut för att svalna klart.

Kombinera det smälta smöret eller margarinet, sockret, grädden och nötterna, häll över kakan och tillaga under medelstor grill (broiler) tills den är gyllenbrun.

Zucchini och märgkaka

Gör en 20 cm/8 i tårta

225 g/8 oz/1 kopp strösocker (superfint).

2 ägg, vispade

120 ml/4 fl oz/½ kopp olja

100 g/4 oz/1 kopp vanligt (all-purpose) mjöl

5 ml/1 tsk bakpulver

2,5 ml/½ tsk bikarbonatsoda (bakpulver)

2,5 ml/½ tsk salt

100 g/4 oz zucchini, riven

100 g/4 oz krossad ananas

50 g/2 oz/½ kopp valnötter, hackade

5 ml/1 tsk vaniljessens (extrakt)

Vispa samman sockret och äggen tills det är blekt och väl blandat. Slå i oljan och sedan de torra ingredienserna. Rör ner zucchini, ananas, valnötter och vaniljessens. Häll upp i en smord och mjölad 20 cm/8 kakform (panna) och grädda i en förvärmd ugn vid 180°C/350°F/gasmark 4 i 1 timme tills ett spett som sticks in i mitten kommer ut rent. Låt svalna i formen i 30 minuter innan du vänder upp på ett galler för att avsluta kylningen.

Zucchini och apelsinkaka

Gör en 25 cm/10 i tårta

225 g/8 oz/1 kopp smör eller margarin, uppmjukat

450 g/1 lb/2 koppar mjukt farinsocker

4 ägg, lätt vispade

275 g/10 oz/2½ koppar vanligt (all-purpose) mjöl

15 ml/1 msk bakpulver

2,5 ml/½ tsk salt

5 ml/1 tsk mald kanel

2,5 ml/½ tsk riven muskotnöt

En nypa mald kryddnejlika

Rivet skal och saft av 1 apelsin

225 g/8 oz/2 koppar zucchini, riven

Rör ihop smör eller margarin och socker tills det blir ljust och pösigt. Vispa gradvis i äggen och vänd sedan ner mjöl, bakpulver, salt och kryddor omväxlande med apelsinskal och saft. Rör ner zucchinierna. Häll upp i en smord och fodrad 25 cm/10 kakform (form) och grädda i en förvärmd ugn vid 180°C/350°F/gasmark 4 i 1 timme tills den är gyllenbrun och spänstig vid beröring. Om toppen börjar bli överbrun mot slutet av gräddningen, täck med smörfast (vaxat) papper.

Kryddad Squashkaka

Gör en 25 cm/10 i tårta

350 g/12 oz/3 koppar vanligt (all-purpose) mjöl

10 ml/2 tsk bakpulver

7,5 ml/1½ tsk mald kanel

5 ml/1 tsk bikarbonatsoda (bakpulver)

2,5 ml/½ tsk salt

8 äggvitor

450 g/1 lb/2 koppar strösocker (superfint).

100 g/4 oz/1 kopp äppelmos (sås)

120 ml/4 fl oz/½ kopp kärnmjölk

15 ml/1 msk vaniljessens (extrakt)

5 ml/1 tsk fint rivet apelsinskal

350 g/12 oz/3 koppar zucchini (zucchini), riven

75 g/3 oz/¾ kopp valnötter, hackade

Till toppingen:

100 g/4 oz/½ kopp färskost

25 g/1 oz/2 msk smör eller margarin, uppmjukat

5 ml/1 tsk fint rivet apelsinskal

10 ml/2 tsk apelsinjuice

350 g/12 oz/2 koppar florsocker (konditorer), siktat

Blanda ihop de torra ingredienserna. Vispa äggvitorna tills de bildar mjuka toppar. Vispa långsamt i sockret, sedan äppelmos, kärnmjölk, vaniljessens och apelsinskal. Vänd ner mjölblandningen, sedan zucchini och valnötter. Häll upp i en smord och mjölad 25 cm/10 kakform (panna) och grädda i en förvärmd ugn vid 150°C/300°F/gasmark 2 i 1 timme tills ett spett i mitten kommer ut rent. Låt svalna i formen.

Vispa ihop alla ingredienser till toppingen till en jämn smet, tillsätt tillräckligt med socker för att få en bredbar konsistens. Bred ut över den avsvalnade kakan.

Pumpa tårta

Gör en 23 x 33 cm/9 x 13 i tårta

450 g/1 lb/2 koppar strösocker (superfint).

4 ägg, vispade

375 ml/13 fl oz/1½ koppar olja

350 g/12 oz/3 koppar vanligt (all-purpose) mjöl

15 ml/1 msk bakpulver

10 ml/2 tsk bikarbonatsoda (bakpulver)

10 ml/2 tsk mald kanel

2,5 ml/½ tsk mald ingefära

En nypa salt

225 g/8 oz tärnad kokt pumpa

100 g/4 oz/1 kopp valnötter, hackade

Vispa ihop socker och ägg tills det är väl blandat, vispa sedan i oljan. Blanda i resterande ingredienser. Häll upp i en smord och mjölad 23 x 33 cm/9 x 13 i bakform (panna) och grädda i en förvärmd ugn vid 180°C/350°F/gasmark 4 i 1 timme tills ett spett i mitten kommer ut rena.

Fruktad pumpakaka

Gör en 20 cm/8 i tårta

100 g/4 oz/½ kopp smör eller margarin, uppmjukat

150 g/5 oz/2/3 kopp mjukt farinsocker

2 ägg, lätt vispade

225 g/8 oz kallkokt pumpa

30 ml/2 msk gyllene (ljus majs) sirap

225 g/8 oz 1/1/3 koppar torkad blandad frukt (fruktkakamix)

225 g/8 oz/2 koppar självhöjande (självjäsande) mjöl

50 g/2 oz/½ kopp kli

Rör ihop smör eller margarin och socker tills det blir ljust och pösigt. Vispa gradvis i äggen och vänd sedan ner resten av ingredienserna. Häll upp i en smord och fodrad 20 cm/8 kakform (panna) och grädda i en förvärmd ugn vid 160°C/325°F/gasmark 3 i 1¼ timme tills ett spett som sticks in i mitten kommer ut rent.

Kryddad pumparulle

Gör en 30 cm/12 i rulle

75 g/3 oz/¾ kopp vanligt (all-purpose) mjöl

5 ml/1 tsk bikarbonatsoda (bakpulver)

5 ml/1 tsk mald ingefära

2,5 ml/½ tsk riven muskotnöt

10 ml/2 tsk mald kanel

En nypa salt

1 ägg

225 g/8 oz/1 kopp strösocker (superfint).

100 g/4 oz kokt pumpa, tärnad

5 ml/1 tsk citronsaft

4 äggvitor

50 g/2 oz/½ kopp valnötter, hackade

50 g/2 oz/1/3 kopp florsocker (konditorer), siktat

För fyllningen:
175 g/6 oz/1 kopp florsocker (konditorer), siktat

100 g/4 oz/½ kopp färskost

2,5 ml/½ tsk vaniljessens (extrakt)

Blanda samman mjöl, bikarbonat av läsk, kryddor och salt. Vispa ägget tjockt och blekt, vispa sedan i sockret tills blandningen är blek och krämig. Rör ner pumpan och citronsaften. Vänd ner mjölblandningen. I en ren skål, vispa äggvitan tills den blir hård. Vik in i kakmixen och bred ut i en smord och fodrad 30 x 12 cm/12 x 8 i Swiss Roll-form (gelérullform) och strö valnötterna över toppen. Grädda i en förvärmd ugn vid 190°C/375°F/gasmarkering 5 i 10 minuter tills den är spänstig vid beröring. Sikta florsockret över en ren kökshandduk (disktrasa) och vänd ut kakan på handduken. Ta bort foderpappret och rulla ihop kakan och handduken, låt sedan svalna.

För att göra fyllningen, vispa gradvis ner sockret i färskosten och vaniljessensen tills du har en bredbar blandning. Rulla ut kakan och bred ut fyllningen över toppen. Rulla ihop kakan igen och svalna innan servering strös över lite mer florsocker.

Rabarber och honungstårta

Gör två 450 g/1 lb kakor

250 g/9 oz/¾ kopp klar honung

100 ml/4 fl oz/½ kopp olja

1 ägg

5 ml/1 tsk bikarbonatsoda (bakpulver)

60 ml/4 msk vatten

350 g/12 oz/3 koppar fullkornsmjöl (helvete).

10 ml/2 tsk salt

350 g/12 oz rabarber, finhackad

5 ml/1 tsk vaniljessens (extrakt)

50 g/2 oz/½ kopp hackade blandade nötter (valfritt)

Till toppingen:
75 g/3 oz/1/3 kopp muscovadosocker

5 ml/1 tsk mald kanel

15 g/½ oz/1 msk smör eller margarin, uppmjukat

Blanda ihop honung och olja. Tillsätt ägget och vispa väl. Tillsätt bikarbonat av soda i vattnet och låt lösas upp. Blanda ihop mjöl och salt. Tillsätt till honungsblandningen växelvis med bikarbonat- eller sodablandningen. Rör ner rabarber, vaniljessens och nötter om du använder. Häll i två smorda 450 g/1 lb brödformar (formar). Blanda ihop ingredienserna till toppingen och fördela över tårtblandningen. Grädda i en förvärmd ugn vid 180°C/350°F/gasmarkering 4 i 1 timme tills den blir fjädrande vid beröring.

Sötpotatistårta

Gör en 23 cm/9 i tårta

300 g/11 oz/2¾ koppar vanligt (all-purpose) mjöl

15 ml/1 msk bakpulver

5 ml/1 tsk mald kanel

5 ml/1 tsk riven muskotnöt

En nypa salt

350 g/12 oz/1¾ koppar strösocker (superfint).

375 ml/13 fl oz/1½ koppar olja

60 ml/4 msk kokt vatten

4 ägg, separerade

225 g/8 oz sötpotatis, skalad och grovt riven

100 g/4 oz/1 kopp hackade blandade nötter

5 ml/1 tsk vaniljessens (extrakt)

För glasyren (frosting):

225 g/8 oz/11/3 koppar florsocker (konditorer), siktat

50 g/2 oz/¼ kopp smör eller margarin, mjukat

250 g/9 oz/1 medium tub färskost

50 g/2 oz/½ kopp hackade blandade nötter

En nypa mald kanel att strö över

Blanda samman mjöl, bakpulver, kanel, muskotnöt och salt. Vispa ihop socker och olja, tillsätt sedan det kokande vattnet och vispa tills det är väl blandat. Tillsätt äggulorna och mjölblandningen och blanda tills det är väl blandat. Rör ner sötpotatisen, nötterna och vaniljessensen. Vispa äggvitorna hårt och vänd sedan ner i blandningen. Häll upp i två smorda och mjölade 23 cm/9 i kakformar (formar) och grädda i en förvärmd ugn vid 180°C/350°F/ gasmark 4 i 40 minuter tills de är spänstiga vid beröring. Låt svalna i formarna i 5 minuter, vänd sedan upp på galler för att avsluta kylningen.

Blanda ihop florsockret, smöret eller margarinet och hälften av färskosten. Fördela hälften av den återstående färskosten över en kaka, bred sedan glasyren över osten. Smörgå ihop kakorna. Fördela resterande färskost över toppen och strö nötter och kanel över innan servering.

Italiensk mandelkaka

Gör en 20 cm/8 i tårta

1 ägg

150 ml/¼ pt/2/3 kopp mjölk

2,5 ml/½ tsk mandelessens (extrakt)

45 ml/3 msk smör, smält

350 g/12 oz/3 koppar vanligt (all-purpose) mjöl

100 g/4 oz/½ kopp strösocker (superfint).

10 ml/2 tsk bakpulver

2,5 ml/½ tsk salt

1 äggvita

100 g/4 oz/1 kopp mandel, hackad

Vispa ägget i en skål och tillsätt sedan mjölken, mandelessensen och det smälta smöret gradvis, vispa hela tiden. Tillsätt mjöl, socker, bakpulver och salt och fortsätt mixa tills det är slätt. Häll upp i en smord och klädd 20 cm/8 i kakform (form). Vispa äggvitan tills den blir skum, pensla sedan generöst över toppen av kakan och strö över mandeln. Grädda i en förvärmd ugn vid 220°C/425°F/gasmarkering 7 i 25 minuter tills de är gyllenbruna och spänstiga vid beröring.

Mandel och kaffe Torte

Gör en 23 cm/9 i tårta

8 ägg, separerade

175 g/6 oz/¾ kopp strösocker (superfint).

60 ml/4 msk starkt svart kaffe

175 g/6 oz/1½ koppar mald mandel

45 ml/3 msk mannagryn (grädde av vete)

100 g/4 oz/1 kopp vanligt (all-purpose) mjöl

Vispa äggulor och socker mycket tjockt och krämigt. Tillsätt kaffe, mald mandel och mannagryn och vispa väl. Vänd ner mjölet. Vispa äggvitorna hårt och vänd sedan ner i blandningen. Häll upp i en smord 23 cm/9 kakform (panna) och grädda i en förvärmd ugn vid 180°C/350°F/gasmark 4 i 45 minuter tills den är spänstig vid beröring.

Mandel- och honungstårta

Gör en 20 cm/8 i tårta

225 g/8 oz morötter, rivna

75 g/3 oz/¾ kopp mandel, hackad

2 ägg, vispade

100 ml/4 fl oz/½ kopp klar honung

60 ml/4 msk olja

150 ml/¼ pt/2/3 kopp mjölk

150 g/5 oz/1¼ koppar fullkornsmjöl (helvete)

10 ml/2 tsk salt

10 ml/2 tsk bikarbonatsoda (bakpulver)

15 ml/1 msk mald kanel

Blanda ihop morötter och nötter. Vispa äggen med honung, olja och mjölk och rör sedan ner i morotsblandningen. Blanda samman mjöl, salt, bikarbonat av läsk och kanel och rör ner i morotsblandningen. Häll upp blandningen i en smord och fodrad 20 cm/8 i fyrkantig kakform (panna) och grädda i en förvärmd ugn vid 150°C/300°F/gasmark 2 i 1¾ timmar tills ett spett i mitten kommer ut rent . Låt svalna i formen i 10 minuter innan du vänder ut.

Mandel- och citronkaka

Gör en 23 cm/9 i tårta

25 g/1 oz/¼ kopp flingad mandel

100 g/4 oz/½ kopp smör eller margarin, uppmjukat

100 g/4 oz/½ kopp mjukt farinsocker

2 ägg, vispade

100 g/4 oz/1 kopp självhöjande (självjäsande) mjöl

Rivet skal av 1 citron

Till sirapen:

75 g/3 oz/1/3 kopp strösocker (superfint).

45–60 ml/3–4 msk citronsaft

Smörj och fodra en 23 cm/9 i kakform (form) och strö mandeln över botten. Rör ihop smör och farinsocker. Vispa i äggen ett i taget och vänd sedan ner mjölet och citronskalet. Häll upp i den förberedda formen och jämna till ytan. Grädda i en förvärmd ugn vid 180°C/350°F/gasmarkering 4 i 20–25 minuter tills de är väl jäst och fjädrande vid beröring.

Värm under tiden strösocker och citronsaft i en kastrull, rör om då och då, tills sockret har löst sig. Ta ut kakan ur ugnen och låt svalna i 2 minuter, vänd sedan ut på ett galler med botten uppåt. Skeda över sirapen och låt sedan svalna helt.

Mandelkaka med apelsin

Gör en 20 cm/8 i tårta

225 g/8 oz/1 kopp smör eller margarin, uppmjukat

225 g/8 oz/1 kopp strösocker (superfint).

4 ägg, separerade

225 g/8 oz/2 koppar vanligt (all-purpose) mjöl

10 ml/2 tsk bakpulver

50 g/2 oz/½ kopp mald mandel

5 ml/1 tsk rivet apelsinskal

Rör ihop smör eller margarin och socker tills det blir ljust och pösigt. Vispa i äggulorna och vänd sedan ner mjöl, bakpulver, mald mandel och apelsinskal. Vispa äggvitorna stela och vänd sedan ner i blandningen med en metallsked. Häll upp i en smord och fodrad 20 cm/8 kakform (panna) och grädda i en förvärmd ugn vid 180°C/350°F/gasmarkering 4 i 1 timme tills ett spett i mitten kommer ut rent.

Rik mandelkaka

Gör en 18 cm/7 i tårta

100 g/4 oz/½ kopp smör eller margarin, uppmjukat

150 g/5 oz/2/3 kopp strösocker (superfint).

3 ägg, lätt vispade

75 g/3 oz/¾ kopp mald mandel

50 g/2 oz/½ kopp vanligt (all-purpose) mjöl

Några droppar mandelessens (extrakt)

Rör ihop smör eller margarin och socker tills det blir ljust och pösigt. Vispa gradvis i äggen och vänd sedan ner den malda mandeln, mjölet och mandelessensen. Häll upp i en smord och klädd 18 cm/7 kakform (panna) och grädda i en förvärmd ugn vid 180°C/350°F/gasmark 4 i 45 minuter tills den är spänstig.

Svensk makronkaka

Gör en 23 cm/9 i tårta

100 g/4 oz/1 kopp mald mandel

75 g/3 oz/1/3 kopp strösocker

5 ml/1 tsk bakpulver

2 stora äggvitor, vispade

Blanda samman mandel, socker och bakpulver. Rör ner äggvitan tills blandningen är tjock och slät. Häll upp i en smord och klädd 23 cm/9 smörgåsform (panna) och grädda i en förvärmd ugn vid 160°C/325°F/gasmark 3 i 20–25 minuter tills den är genomstekt och gyllene. Vänd ut mycket försiktigt ur formen då kakan är skör.

Kokoslimpa

Gör en limpa på 450 g/1 lb

100 g/4 oz/1 kopp självhöjande (självjäsande) mjöl

225 g/8 oz/1 kopp strösocker (superfint).

100 g/4 oz/1 kopp torkad (strimlad) kokosnöt

1 ägg

120 ml/½ kopp mjölk

En nypa salt

Blanda alla ingredienser väl och häll upp i en smord och fodrad 450 g/1 lb brödform (panna). Grädda i en förvärmd ugn vid 180°C/350°F/gasmarkering 4 i ca 1 timme tills de är gyllene och spänstiga vid beröring.

Kokos tårta

Gör en 23 cm/9 i tårta

75 g/3 oz/1/3 kopp smör eller margarin

150 ml/¼ pt/2/3 kopp mjölk

2 ägg, lätt vispade

225 g/8 oz/1 kopp strösocker (superfint).

150 g/5 oz/1¼ koppar självhöjande (självjäsande) mjöl

En nypa salt

Till toppingen:
100 g/4 oz/½ kopp smör eller margarin

75 g/3 oz/¾ kopp torkad (strimlad) kokosnöt

60 ml/4 msk klar honung

45 ml/3 msk mjölk

50 g/2 oz/¼ kopp mjukt farinsocker

Smält smöret eller margarinet i mjölken och låt svalna något. Vispa ihop ägg och strösocker tills det blir ljust och skummande, vispa sedan i smör- och mjölkblandningen. Rör ner mjöl och salt till en ganska tunn blandning. Häll upp i en smord och fodrad 23 cm/9 kakform (panna) och grädda i en förvärmd ugn vid 180°C/350°F/gasmark 4 i 40 minuter tills den är gyllenbrun och fjädrande vid beröring.

Koka under tiden toppingsingredienserna upp i en kastrull. Vänd ut den varma kakan och skeda över toppingblandningen. Placera under en het grill (broiler) i några minuter tills toppingen precis börjar få färg.

Gyllene kokosnötskaka

Gör en 20 cm/8 i tårta

100 g/4 oz/½ kopp smör eller margarin, uppmjukat

200 g/7 oz/lite 1 kopp strösocker (superfint).

200 g/7 oz/1¾ koppar vanligt (all-purpose) mjöl

10 ml/2 tsk bakpulver

En nypa salt

175 ml/6 fl oz/¾ kopp mjölk

3 äggvitor

För fyllning och topping:
150 g/5 oz/1¼ koppar torkad (strimlad) kokosnöt

200 g/7 oz/lite 1 kopp strösocker (superfint).

120 ml/½ kopp mjölk

120 ml/4 fl oz/½ kopp vatten

3 äggulor

Rör ihop smör eller margarin och socker tills det blir ljust och pösigt. Rör ner mjöl, bakpulver och salt i blandningen växelvis med mjölk och vatten tills du har en slät smet. Vispa äggvitorna hårt och vänd sedan ner i smeten. Häll blandningen i två smorda 20 cm/8 kakformar (formar) och grädda i en förvärmd ugn vid 180°C/350°F/gasmarkering 4 i 25 minuter tills den blir spänstig. Låt svalna.

Blanda samman kokos, socker, mjölk och äggulor i en liten kastrull. Värm på svag värme i några minuter tills äggen är kokta, under konstant omrörning. Låt svalna. Smörgå ihop kakorna med hälften av kokosblandningen och lägg sedan resten ovanpå.

Kokos lager tårta

Gör en 9 x 18 cm/3½ x 7 i tårta

100 g/4 oz/½ kopp smör eller margarin, uppmjukat

175 g/6 oz/¾ kopp strösocker (superfint).

3 ägg

175 g/6 oz/1½ koppar vanligt (all-purpose) mjöl

5 ml/1 tsk bakpulver

175 g/6 oz/1 kopp sultanor (gyllene russin)

120 ml/½ kopp mjölk

6 vanliga kex (kakor), krossade

100 g/4 oz/½ kopp mjukt farinsocker

100 g/4 oz/1 kopp torkad (strimlad) kokosnöt

Rör ihop smör eller margarin och strösocker tills det blir ljust och pösigt. Vispa gradvis i två av äggen, vänd sedan ner mjöl, bakpulver och sultaner omväxlande med mjölken. Häll hälften av blandningen i en smord och fodrad 450 g/1 lb brödform (panna). Blanda ihop resterande ägg med kexsmulor, farinsocker och kokos och strö över i formen. Häll i den återstående blandningen och grädda i en förvärmd ugn vid 180°C/350°F/gasmark 4 i 1 timme. Låt svalna i formen i 30 minuter, vänd sedan upp på ett galler för att avsluta kylningen.

Kokos- och citronkaka

Gör en 20 cm/8 i tårta

100 g/4 oz/½ kopp smör eller margarin, uppmjukat

75 g/3 oz/1/3 kopp mjukt farinsocker

Rivet skal av 1 citron

1 ägg, uppvispat

Några droppar mandelessens (extrakt)

350 g/12 oz/3 koppar självhöjande (självjäsande) mjöl

60 ml/4 msk hallonsylt (konservera)

Till toppingen:

1 ägg, uppvispat

75 g/3 oz/1/3 kopp mjukt farinsocker

225 g/8 oz/2 koppar torkad (strimlad) kokosnöt

Rör ihop smör eller margarin, socker och citronskal tills det blir ljust och pösigt. Vispa gradvis i ägget och mandelessensen och vänd sedan ner mjölet. Häll blandningen i en smord och klädd 20 cm/8 kakform (form). Häll sylten över blandningen. Vispa ihop ingredienserna till toppingen och fördela över blandningen. Grädda i en förvärmd ugn vid 180°C/350°F/gasmarkering 4 i 30 minuter tills den är spänstig vid beröring. Låt svalna i formen.

Kokos nyårstårta

Gör en 18 cm/7 i tårta

100 g/4 oz/½ kopp smör eller margarin, uppmjukat

100 g/4 oz/½ kopp strösocker (superfint).

2 ägg, lätt vispade

75 g/3 oz/¾ kopp vanligt (all-purpose) mjöl

45 ml/3 msk torkad (strimlad) kokos

30 ml/2 msk rom

Några droppar mandelessens (extrakt)

Några droppar citronessens (extrakt)

Rör ihop smör och socker tills det blir ljust och pösigt. Vispa gradvis i äggen och vänd sedan ner mjöl och kokos. Rör ner rom och essenser. Skeda upp i en smord och klädd 18 cm/7 kakform (form) och jämna till ytan. Grädda i en förvärmd ugn vid 190°C/375°F/gasmarkering 5 i 45 minuter tills ett spett i mitten kommer ut rent. Låt svalna i formen.

Kokos och Sultana tårta

Gör en 23 cm/9 i tårta

100 g/4 oz/½ kopp smör eller margarin, uppmjukat

175 g/6 oz/¾ kopp strösocker (superfint).

2 ägg, lätt vispade

175 g/6 oz/1½ koppar vanligt (all-purpose) mjöl

5 ml/1 tsk bakpulver

En nypa salt

175 g/6 oz/1 kopp sultanor (gyllene russin)

120 ml/½ kopp mjölk

För fyllningen:

1 ägg, lätt uppvispat

50 g/2 oz/½ kopp vanligt kex (kaka) smulor

100 g/4 oz/½ kopp mjukt farinsocker

100 g/4 oz/1 kopp torkad (strimlad) kokosnöt

Rör ihop smör eller margarin och strösocker tills det blir ljust och pösigt. Blanda gradvis i äggen. Vänd ner mjöl, bakpulver, salt och sultaner med tillräckligt med mjölk för att få en mjuk droppande konsistens. Häll hälften av blandningen i en smord 23 cm/9 kakform (form). Blanda ihop ingredienserna till fyllningen och skeda över blandningen, toppa sedan med den återstående kakmixen. Grädda i en förvärmd ugn vid 180°C/350°F/gasmarkering 4 i 1 timme tills den är fjädrande vid beröring och börjar krympa bort från formens sidor. Låt svalna i formen innan du vänder ut.

Crunchy-toped nötkaka

Gör en 23 cm/9 i tårta

225 g/8 oz/1 kopp smör eller margarin, uppmjukat

225 g/8 oz/1 kopp strösocker (superfint).

2 ägg, lätt vispade

225 g/8 oz/2 koppar vanligt (all-purpose) mjöl

2,5 ml/½ tsk bikarbonatsoda (bakpulver)

2,5 ml/½ tsk grädde av tandsten

200 ml/7 fl oz/lite 1 kopp mjölk

Till toppingen:
100 g/4 oz/1 kopp hackade blandade nötter

100 g/4 oz/½ kopp mjukt farinsocker

5 ml/1 tsk mald kanel

Rör ihop smör eller margarin och strösocker tills det blir ljust och pösigt. Vispa gradvis i äggen och vänd sedan ner mjölet, bikarbonaten av läsk och grädden av tandsten växelvis med mjölken. Skeda i en smord och klädd 23 cm/9 i kakform (form). Blanda ihop nötter, farinsocker och kanel och strö över toppen av kakan. Grädda i en förvärmd ugn vid 180°C/350°F/gasmarkering 4 i 40 minuter tills den är gyllenbrun och krymper bort från formens sidor. Låt svalna i formen i 10 minuter, vänd sedan upp på ett galler för att avsluta kylningen.

Blandad nötkaka

Gör en 23 cm/9 i tårta

100 g/4 oz/½ kopp smör eller margarin, uppmjukat

225 g/8 oz/1 kopp strösocker (superfint).

1 ägg, uppvispat

225 g/8 oz/2 koppar självhöjande (självjäsande) mjöl

10 ml/2 tsk bakpulver

En nypa salt

250 ml/8 fl oz/1 kopp mjölk

5 ml/1 tsk vaniljessens (extrakt)

2,5 ml/½ tsk citronessens (extrakt)

100 g/4 oz/1 kopp hackade blandade nötter

Rör ihop smör eller margarin och socker tills det blir ljust och pösigt. Vispa gradvis i ägget. Blanda samman mjöl, bakpulver och salt och tillsätt till blandningen växelvis med mjölk och essenser. Vänd ner nötterna. Häll upp i två smorda och klädda 23 cm/9 i kakformar (formar) och grädda i en förvärmd ugn vid 180°F/350°F/gasmarkering 4 i 40 minuter tills ett spett i mitten kommer ut rent.

Grekisk nötkaka

Gör en 25 cm/10 i tårta

100 g/4 oz/½ kopp smör eller margarin, uppmjukat

225 g/8 oz/1 kopp strösocker (superfint).

3 ägg, lätt vispade

250 g/9 oz/2¼ koppar vanligt (all-purpose) mjöl

225 g/8 oz/2 koppar valnötter, malda

10 ml/2 tsk bakpulver

5 ml/1 tsk mald kanel

1,5 ml/¼ tsk mald kryddnejlika

En nypa salt

75 ml/5 msk mjölk

Till honungssirapen:

175 g/6 oz/¾ kopp strösocker (superfint).

75 g/3 oz/¼ kopp klar honung

15 ml/1 msk citronsaft

250 ml/8 fl oz/1 kopp kokande vatten

Rör ihop smör eller margarin och socker tills det blir ljust och pösigt. Vispa gradvis i äggen och vänd sedan ner mjöl, valnötter, bakpulver, kryddor och salt. Tillsätt mjölken och blanda tills det är slätt. Häll upp i en smord och mjölad 25 cm/10 kakform (form) och grädda i en förvärmd ugn vid 180°C/350°F/gasmark 4 i 40 minuter tills den blir spänstig vid beröring. Låt svalna i formen i 10 minuter och överför sedan till ett galler.

För att göra sirapen, blanda ihop socker, honung, citronsaft och vatten och värm tills det löst sig. Pricka den varma kakan överallt med en gaffel och skeda sedan över honungssirapen.

Iced valnötstårta

Gör en 18 cm/7 i tårta

100 g/4 oz/½ kopp smör eller margarin, uppmjukat

100 g/4 oz/½ kopp strösocker (superfint).

2 ägg, lätt vispade

100 g/4 oz/1 kopp självhöjande (självjäsande) mjöl

100 g/4 oz/1 kopp valnötter, hackade

En nypa salt

För glasyren (frosting):

450 g/1 lb/2 koppar strösocker

150 ml/¼ pt/2/3 kopp vatten

2 äggvitor

Några valnötshalvor att dekorera

Rör ihop smör eller margarin och strösocker tills det blir ljust och pösigt. Vispa gradvis i äggen och vänd sedan ner mjöl, nötter och salt. Häll upp blandningen i två smorda och klädda 18 cm/7 i kakformar (formar) och grädda i en förvärmd ugn vid 180°C/350°F/gasmark 4 i 25 minuter tills den är väl jäst och fjädrande vid beröring. Låt svalna.

Lös upp strösockret i vattnet på låg värme under konstant omrörning, låt sedan koka upp och fortsätt koka, utan omrörning, tills en droppe av blandningen bildar en mjuk boll när den släpps i kallt vatten. Vispa under tiden äggvitan i en ren bunke tills den blir hård. Häll sirapen på äggvitan och vispa tills blandningen är tillräckligt tjock för att täcka baksidan av en sked. Smörj ihop kakorna med ett lager av glasyren, fördela sedan resten över toppen och sidorna av kakan och dekorera med valnötshalvor.

Valnötstårta med chokladgrädde

Gör en 18 cm/7 i tårta

3 ägg

75 g/3 oz/1/3 kopp mjukt farinsocker

50 g/2 oz/½ kopp fullkornsmjöl (helvete).

25 g/1 oz/¼ kopp kakao (osötad choklad) pulver

För glasyren (frosting):

150 g/5 oz/1¼ koppar vanlig (halvsöt) choklad

225 g/8 oz/1 kopp låg fetthalt färskost

45 ml/3 msk florsocker (konditor), siktat

75 g/3 oz/¾ kopp valnötter, hackade

15 ml/1 msk konjak (valfritt)

Riven choklad till garnering

Vispa ihop ägg och farinsocker tills det blir blekt och tjockt. Vänd ner mjöl och kakao. Häll upp blandningen i två smorda och fodrade 18 cm/7 smörgåsformar (pannor) och grädda i en förvärmd ugn vid 190°C/375°F/gasmark 5 i 15–20 minuter tills den är väl jäst och fjädrande vid beröring. Ta ut ur formarna och låt svalna.

Smält chokladen i en värmesäker skål över en kastrull med lätt sjudande vatten. Ta av från värmen och rör ner färskost och florsocker, rör sedan ner nötter och konjak, om du använder. Smörgå ihop kakorna med det mesta av fyllningen och fördela resten ovanpå. Garnera med den rivna chokladen.

Valnötstårta med honung och kanel

Gör en 23 cm/9 i tårta

225 g/8 oz/2 koppar vanligt (all-purpose) mjöl

10 ml/2 tsk bakpulver

5 ml/1 tsk bikarbonatsoda (bakpulver)

5 ml/1 tsk mald kanel

En nypa salt

100 g/4 oz/1 kopp vanlig yoghurt

75 ml/5 msk olja

100 g/4 oz/1/3 kopp klar honung

1 ägg, lätt uppvispat

5 ml/1 tsk vaniljessens (extrakt)

För fyllningen:

50 g/2 oz/½ kopp hackade valnötter

225 g/8 oz/1 kopp mjukt farinsocker

10 ml/2 tsk mald kanel

30 ml/2 msk olja

Blanda ihop de torra ingredienserna till kakan och gör en brunn i mitten. Vispa ihop resten av tårtingredienserna och blanda ner i de torra ingredienserna. Blanda ihop ingredienserna till fyllningen. Häll hälften av kakblandningen i en smord och mjölad 23 cm/9 i kakform (form) och strö över hälften av fyllningen. Tillsätt den återstående kakblandningen, sedan den återstående fyllningen. Grädda i en förvärmd ugn vid 180°C/350°F/gasmarkering 4 i 30 minuter tills de är väl jäst och gyllenbruna och börjar krympa bort från pannans sidor.

Mandel- och honungsstänger

Gör 10

15 g/½ oz färsk jäst eller 20 ml/4 tsk torkad jäst

45 ml/3 msk strösocker (superfint).

120 ml/4 fl oz/½ kopp varm mjölk

300 g/11 oz/2¾ koppar vanligt (all-purpose) mjöl

En nypa salt

1 ägg, lätt uppvispat

50 g/2 oz/¼ kopp smör eller margarin, mjukat

300 ml/½ pt/1¼ koppar dubbel (tung) grädde

30 ml/2 msk florsocker (konditor), siktat

45 ml/3 msk klar honung

300 g/11 oz/2¾ koppar flingad (skivad) mandel

Blanda jästen, 5 ml/1 tsk av strösockret och lite av mjölken och låt stå på en varm plats i 20 minuter tills det skummar. Blanda resten av sockret med mjöl och salt och gör en brunn i mitten. Blanda gradvis i ägg, smör eller margarin, jästblandning och återstående varm mjölk och blanda till en mjuk deg. Knåda på en lätt mjölad yta tills den är slät och elastisk. Lägg i en oljad skål, täck med oljad plastfolie (plastfolie) och låt stå på en varm plats i 45 minuter tills den är dubbelt så stor.

Knåda degen igen, kavla sedan ut och lägg i en 30 x 20 cm/12 x 8 i smord kakform (form), sticka överallt med en gaffel, täck över och låt stå på en varm plats i 10 minuter.

Lägg 120 ml/½ kopp av grädden, florsockret och honungen i en liten kastrull och låt koka upp. Ta av från värmen och blanda ner mandeln. Bred ut över degen och grädda sedan i en förvärmd ugn vid 200°C/400°F/gasmark 6 i 20 minuter tills den är gyllene och fjädrande vid beröring, täck med smörfast (vaxat) papper om ovansidan börjar bryna för mycket innan slutet av matlagningen. Vänd ut och låt svalna.

Skär kakan på mitten horisontellt. Vispa resterande grädde tills den blir styv och bred över den nedre halvan av kakan. Toppa med den mandeltäckta halvan av kakan och skär i stänger.

Smulbars av äpple och svartvinbär

Gör 12

175 g/6 oz/1½ koppar vanligt (all-purpose) mjöl

5 ml/1 tsk bakpulver

En nypa salt

175 g/6 oz/¾ kopp smör eller margarin

225 g/8 oz/1 kopp mjukt farinsocker

100 g/4 oz/1 kopp havregryn

450 g/1 lb kokta (syrliga) äpplen, skalade, urkärnade och skivade

30 ml/2 msk majsmjöl (majsstärkelse)

10 ml/2 tsk mald kanel

2,5 ml/½ tsk riven muskotnöt

2,5 ml/½ tsk mald kryddpeppar

225 g/8 oz svarta vinbär

Blanda mjöl, bakpulver och salt och gnid sedan in smöret eller margarinet. Rör ner socker och havre. Skeda hälften i botten av en smord och klädd 25 cm/9 i fyrkantig kakform (form). Blanda äpplena, majsmjöl och kryddor och fördela över. Toppa med svarta vinbär. Skeda över den återstående blandningen och jämna till toppen. Grädda i en förvärmd ugn vid 180°C/350°F/gasmarkering 4 i 30 minuter tills den blir spänstig. Låt svalna och skär sedan i skivor.

Aprikos- och havregrynsstänger

Gör 24

75 g/3 oz/½ kopp torkade aprikoser

25 g/1 oz/3 msk sultanor (gyllene russin)

250 ml/8 fl oz/1 kopp vatten

5 ml/1 tsk citronsaft

150 g/5 oz/2/3 kopp mjukt farinsocker

50 g/2 oz/½ kopp torkad (strimlad) kokosnöt

50 g/2 oz/½ kopp vanligt (all-purpose) mjöl

2,5 ml/½ tsk bikarbonatsoda (bakpulver)

100 g/4 oz/1 kopp havregryn

50 g/2 oz/¼ kopp smör, smält

Lägg aprikoser, sultanor, vatten, citronsaft och 30 ml/2 msk av farinsockret i en liten kastrull och rör om på låg värme tills det blir tjockt. Rör ner kokosen och låt svalna. Blanda mjöl, bikarbonat av läsk, havre och det återstående sockret och blanda sedan i det smälta smöret. Tryck ut hälften av havreblandningen i botten av en smord 20 cm/8 i fyrkantig bakform (panna), fördela sedan aprikosblandningen ovanpå. Täck med resterande havreblandning och tryck ner lätt. Grädda i en förvärmd ugn vid 180°C/350°F/gasmarkering 4 i 30 minuter tills de är gyllene. Låt svalna och skär sedan i skivor.

Aprikos Crunchies

Gör 16

100 g/4 oz/2/3 kopp färdiga att äta torkade aprikoser

120 ml/4 fl oz/½ kopp apelsinjuice

100 g/4 oz/½ kopp smör eller margarin

75 g/3 oz/¾ kopp fullkornsmjöl (helvete).

75 g/3 oz/¾ kopp havregryn

75 g/3 oz/1/3 kopp demerara socker

Blötlägg aprikoserna i apelsinjuicen i minst 30 minuter tills de är mjuka, låt rinna av och hacka. Gnid in smöret eller margarinet i mjölet tills blandningen liknar ströbröd. Rör ner havre och socker. Tryck ut hälften av blandningen i en smord 30 x 20 cm/12 x 8 i Swiss Roll-form (gelérullform) och strö över aprikoserna. Bred ut resten av blandningen ovanpå och tryck försiktigt ner. Grädda i en förvärmd ugn vid 180°C/350°F/gasmarkering 4 i 25 minuter tills de är gyllenbruna. Låt svalna i formen innan du vänder ut och skär i stänger.

Nötiga bananstänger

Blir ca 14

50 g/2 oz/¼ kopp smör eller margarin, mjukat

75 g/3 oz/1/3 kopp strösocker (superfint) eller mjukt farinsocker

2 stora bananer, hackade

175 g/6 oz/1½ koppar vanligt (all-purpose) mjöl

7,5 ml/1½ tsk bakpulver

2 ägg, vispade

50 g/2 oz/½ kopp valnötter, grovt hackade

Rör ihop smör eller margarin och socker. Mosa bananerna och rör ner i blandningen. Blanda mjöl och bakpulver. Tillsätt mjöl, ägg och nötter i bananblandningen och vispa väl. Häll upp i en smord och fodrad 18 x 28 cm/7 x 11 kakform, jämna till ytan och grädda i en förvärmd ugn vid 160°C/325°F/gasmärke 3 i 30–35 minuter tills den blir spänstig. Låt svalna några minuter i formen och vänd sedan upp på ett galler för att avsluta kylningen. Skär i ca 14 barer.

Amerikanska Brownies

Gör cirka 15

2 stora ägg

225 g/8 oz/1 kopp strösocker (superfint).

50 g/2 oz/¼ kopp smör eller margarin, smält

2,5 ml/½ tsk vaniljessens (extrakt)

75 g/3 oz/¾ kopp vanligt (all-purpose) mjöl

45 ml/3 msk kakaopulver (osötad choklad).

2,5 ml/½ tsk bakpulver

En nypa salt

50 g/2 oz/½ kopp valnötter, grovt hackade

Vispa ihop ägg och socker tills det blir tjockt och krämigt. Slå i smöret och vaniljessensen. Sikta i mjöl, kakao, bakpulver och salt och vänd ner i blandningen med valnötterna. Vänd till en väl smord 20 cm/8 i fyrkantig kakform (form). Grädda i en förvärmd ugn vid 180°C/350°F/gasmarkering 4 i 40–45 minuter tills den blir spänstig. Låt stå i formen i 10 minuter, skär sedan i rutor och överför till ett galler medan det fortfarande är varmt.

Choklad Fudge Brownies

Blir ca 16

225 g/8 oz/1 kopp smör eller margarin

175 g/6 oz/¾ kopp strösocker

350 g/12 oz/3 koppar självhöjande (självjäsande) mjöl

30 ml/2 msk kakaopulver (osötad choklad).

För glasyren (frosting):
175 g/6 oz/1 kopp florsocker (konditorer), siktat

30 ml/2 msk kakaopulver (osötad choklad).

Kokande vatten

Smält smöret eller margarinet och rör sedan ner strösockret. Rör ner mjöl och kakao. Tryck ut i en klädd 18 x 28 cm/7 x 11 i bakform (form). Grädda i en förvärmd ugn vid 180°C/350°F/gasmarkering 4 i cirka 20 minuter tills den är spänstig vid beröring.

För att göra glasyren, sikta florsockret och kakaon i en skål och tillsätt en droppe kokande vatten. Rör om tills det är väl blandat, tillsätt en droppe eller så mer vatten om det behövs. Isa brownies medan de fortfarande är varma (men inte varma), låt sedan svalna innan du skär i rutor.

Valnöt och choklad brownies

Gör 12

50 g/2 oz/½ kopp vanlig (halvsöt) choklad

75 g/3 oz/1/3 kopp smör eller margarin

225 g/8 oz/1 kopp strösocker (superfint).

75 g/3 oz/¾ kopp vanligt (all-purpose) mjöl

75 g/3 oz/¾ kopp valnötter, hackade

50 g/2 oz/½ kopp chokladchips

2 ägg, vispade

2,5 ml/½ tsk vaniljessens (extrakt)

Smält chokladen och smöret eller margarinet i en värmesäker skål över en kastrull med lätt sjudande vatten. Ta av från värmen och rör ner resterande ingredienser. Häll upp i en smord och klädd 20 cm/8 kakform (form) och grädda i en förvärmd ugn vid 180°C/350°F/gasmark 4 i 30 minuter tills ett spett som sticks i mitten kommer ut rent. Låt svalna i formen och skär sedan i rutor.

Butter Bars

Gör 16

100 g/4 oz/½ kopp smör eller margarin, uppmjukat

100 g/4 oz/½ kopp strösocker (superfint).

1 ägg, separerat

100 g/4 oz/1 kopp vanligt (all-purpose) mjöl

25 g/1 oz/¼ kopp hackade blandade nötter

Rör ihop smör eller margarin och socker tills det blir ljust och pösigt. Blanda i äggulan och rör sedan ner mjöl och nötter till en ganska hård blandning. Om den är för styv, tillsätt lite mjölk; om den är rinnig, rör ner lite mer mjöl. Skeda upp degen i en smord 30 x 20 cm/12 x 8 i Swiss Roll-form (gelérullform). Vispa äggvitan tills den blir skum och fördela över blandningen. Grädda i en förvärmd ugn vid 180°C/350°F/gasmarkering 4 i 30 minuter tills de är gyllene. Låt svalna och skär sedan i skivor.

Cherry Toffee Traybake

Gör 12

100 g/4 oz/1 kopp mandel

225 g/8 oz/1 kopp glacé (kanderade) körsbär, halverade

225 g/8 oz/1 kopp smör eller margarin, uppmjukat

225 g/8 oz/1 kopp strösocker (superfint).

3 ägg, vispade

100 g/4 oz/1 kopp självhöjande (självjäsande) mjöl

50 g/2 oz/½ kopp mald mandel

5 ml/1 tsk bakpulver

5 ml/1 tsk mandelessens (extrakt)

Strö mandeln och körsbären över botten av en smord och klädd 20 cm/8 i kakform. Smält 50 g/2 oz/¼ kopp av smöret eller margarinet med 50 g/2 oz/¼ kopp av sockret och häll det sedan över körsbären och nötterna. Vispa resten av smöret eller margarinet och sockret ljust och fluffigt, vispa sedan i äggen och blanda i mjöl, mald mandel, bakpulver och mandelessens. Häll blandningen i formen och jämna till toppen. Grädda i en förvärmd ugn vid 160°C/325°F/gasmark 3 i 1 timme. Låt svalna i formen i några minuter, vänd sedan försiktigt upp på ett galler, skrapa bort något av toppningen från foderpappret om det behövs. Låt svalna helt innan du skär.

Chocolate Chip Traybake

Gör 24

100 g/4 oz/½ kopp smör eller margarin, uppmjukat

100 g/4 oz/½ kopp mjukt farinsocker

50 g/2 oz/¼ kopp strösocker (superfint).

1 ägg

5 ml/1 tsk vaniljessens (extrakt)

100 g/4 oz/1 kopp vanligt (all-purpose) mjöl

2,5 ml/½ tsk bikarbonatsoda (bakpulver)

En nypa salt

100 g/4 oz/1 kopp chokladchips

Rör ihop smör eller margarin och socker tills det blir ljust och fluffigt, tillsätt sedan ägget och vaniljessensen gradvis. Rör ner mjöl, bikarbonat av läsk och salt. Rör ner chokladbitarna. Häll upp i en smord och mjölad 25 cm/12 i fyrkantig bakform (panna) och grädda i en förvärmd ugn vid 190°C/375°F/gasmark 2 i 15 minuter tills den är gyllenbrun. Låt svalna och skär sedan i rutor.

Cinnamon Crumble Layer

Gör 12

För basen:

100 g/4 oz/½ kopp smör eller margarin, uppmjukat

30 ml/2 msk klar honung

2 ägg, lätt vispade

100 g/4 oz/1 kopp vanligt (all-purpose) mjöl

Till crumblen:

75 g/3 oz/1/3 kopp smör eller margarin

75 g/3 oz/¾ kopp vanligt (all-purpose) mjöl

75 g/3 oz/¾ kopp havregryn

5 ml/1 tsk mald kanel

50 g/2 oz/¼ kopp demerara socker

Rör ihop smör eller margarin och honung tills det blir ljust och pösigt. Vispa gradvis i äggen och vänd sedan ner mjölet. Häll hälften av blandningen i en smord 20 cm/8 i fyrkantig kakform (form) och jämna till ytan.

För att göra smulan, gnid in smöret eller margarinet i mjölet tills blandningen liknar ströbröd. Rör ner havre, kanel och socker. Häll hälften av smulan i formen, toppa sedan med den återstående kakmixen, sedan den återstående smulan. Grädda i en förvärmd ugn vid 190°C/375°F/gasmarkering 5 i cirka 35 minuter tills ett spett i mitten kommer ut rent. Låt svalna och skär sedan i skivor.

Kläskiga kanelstänger

Gör 16

225 g/8 oz/2 koppar vanligt (all-purpose) mjöl

10 ml/2 tsk bakpulver

225 g/8 oz/1 kopp mjukt farinsocker

15 ml/1 msk smält smör

250 ml/8 fl oz/1 kopp mjölk

30 ml/2 msk demerara socker

10 ml/2 tsk mald kanel

25 g/1 oz/2 msk smör, kylt och tärnad

Blanda ihop mjöl, bakpulver och socker. Rör ner det smälta smöret och mjölken och blanda väl. Tryck ut blandningen i två 23 cm/9 i fyrkantiga kakformar (formar). Strö topparna med demerarasocker och kanel och tryck sedan ut bitar av smör över ytan. Grädda i en förvärmd ugn vid 180°C/350°F/gasmark 4 i 30 minuter. Smöret kommer att göra hål i blandningen och bli sliskig när den tillagas.

Kokosbars

Gör 16

75 g/3 oz/1/3 kopp smör eller margarin

100 g/4 oz/1 kopp vanligt (all-purpose) mjöl

30 ml/2 msk strösocker (superfint).

2 ägg

100 g/4 oz/½ kopp mjukt farinsocker

En nypa salt

175 g/6 oz/1½ koppar torkad (strimlad) kokosnöt

50 g/2 oz/½ kopp hackade blandade nötter

Orange glasyr

Gnid in smöret eller margarinet i mjölet tills blandningen liknar ströbröd. Rör ner sockret och tryck ut i en osmord 23 cm/9 i fyrkantig bakform. Grädda i en förvärmd ugn vid 190°C/350°F/gasmarkering 4 i 15 minuter tills precis stelnat.

Blanda ihop ägg, farinsocker och salt, rör sedan ner kokos och nötter och fördela över botten. Grädda i 20 minuter tills de stelnat och är gyllene. Is med apelsinglasyr när den svalnat. Skär i stänger.

Smörgåsbarer med kokos och sylt

Gör 16

25 g/1 oz/2 msk smör eller margarin

175 g/6 oz/1½ koppar självhöjande (självjäsande) mjöl

225 g/8 oz/1 kopp strösocker (superfint).

2 äggulor

75 ml/5 msk vatten

175 g/6 oz/1½ koppar torkad (strimlad) kokosnöt

4 äggvitor

50 g/2 oz/½ kopp vanligt (all-purpose) mjöl

100 g/4 oz/1/3 kopp jordgubbssylt (konservera)

Gnid in smöret eller margarinet i det självjäsande mjölet och rör sedan i 50 g/¼ kopp sockret. Vispa ihop äggulorna och 45 ml/3 msk av vattnet och rör ner i blandningen. Tryck in i botten av en smord 30 x 20 cm/12 x 8 i Swiss Roll-form (gelérullform) och sticka med en gaffel. Grädda i en förvärmd ugn vid 180°C/350°F/gasmarkering 4 i 12 minuter. Låt svalna.

Lägg kokosnöten, det återstående sockret och vattnet och en äggvita i en kastrull och rör om på låg värme tills blandningen blir klumpig utan att den får färg. Låt svalna. Blanda i vanligt mjöl. Vispa de återstående äggvitorna tills de blir hårda och vänd sedan ner i blandningen. Bred ut sylten över bottnen och bred sedan ut med kokosnötstoppningen. Grädda i ugnen i 30 minuter tills de är gyllenbruna. Låt svalna i formen innan du skär i stänger.

Dadel och Apple Traybake

Gör 12

1 kokt (tärt) äpple, skalat, urkärnat och hackat

225 g/8 oz/1 1/3 koppar stenade (urkärnade) dadlar, hackade

150 ml/¼ pt/2/3 kopp vatten

350 g/12 oz/3 koppar havregryn

175 g/6 oz/¾ kopp smör eller margarin, smält

45 ml/3 msk demerara socker

5 ml/1 tsk mald kanel

Lägg äpplena, dadlarna och vattnet i en kastrull och låt sjuda försiktigt i cirka 5 minuter tills äpplena är mjuka. Låt svalna. Blanda samman havre, smör eller margarin, socker och kanel. Häll hälften i en smord 20 cm/8 i fyrkantig kakform (form) och jämna till ytan. Toppa med äppel- och dadelblandningen, täck sedan med den återstående havreblandningen och jämna till ytan. Tryck ner försiktigt. Grädda i en förvärmd ugn på 190°C/375°F/gasmark 5 i cirka 30 minuter tills de är gyllenbruna. Låt svalna och skär sedan i skivor.

Dadelskivor

Gör 12

225 g/8 oz/11/3 koppar stenade (urkärnade) dadlar, hackade

30 ml/2 msk klar honung

30 ml/2 msk citronsaft

225 g/8 oz/1 kopp smör eller margarin

225 g/8 oz/2 koppar fullkornsmjöl (helvete).

225 g/8 oz/2 koppar havregryn

75 g/3 oz/1/3 kopp mjukt farinsocker

Sjud dadlarna, honungen och citronsaften på svag värme i några minuter tills dadlarna är mjuka. Gnid in smöret eller margarinet i mjölet och havren tills blandningen liknar ströbröd och rör sedan ner sockret. Häll hälften av blandningen i en smord och klädd 20 cm/8 i fyrkantig kakform (form). Häll dadelblandningen över toppen och avsluta sedan med den återstående kakblandningen. Tryck ner ordentligt. Grädda i en förvärmd ugn vid 190°C/375°F/gasmarkering 5 i 35 minuter tills den är spänstig vid beröring. Låt svalna i formen, skär i skivor medan den fortfarande är varm.

Mormors dejtstänger

Gör 16

100 g/4 oz/½ kopp smör eller margarin, uppmjukat

225 g/8 oz/1 kopp mjukt farinsocker

2 ägg, lätt vispade

175 g/6 oz/1½ koppar vanligt (all-purpose) mjöl

2,5 ml/½ tsk bikarbonatsoda (bakpulver)

5 ml/1 tsk mald kanel

En nypa mald kryddnejlika

En nypa riven muskotnöt

175 g/6 oz/1 kopp stenade (urkärnade) dadlar, hackade

Rör ihop smör eller margarin och socker tills det blir ljust och pösigt. Tillsätt gradvis äggen, vispa ordentligt efter varje tillsats. Rör i resten av ingredienserna tills det är väl blandat. Häll upp i en smord och mjölad 23 cm/9 i fyrkantig bakform (panna) och grädda i en förvärmd ugn vid 180°C/350°F/gasmark 4 i 25 minuter tills ett spett i mitten kommer ut rent. Låt svalna och skär sedan i skivor.

Dadel- och havregrynsstänger

Gör 16

175 g/6 oz/1 kopp stenade (urkärnade) dadlar, hackade

15 ml/1 msk klar honung

30 ml/2 msk vatten

225 g/8 oz/2 koppar fullkornsmjöl (helvete).

100 g/4 oz/1 kopp havregryn

100 g/4 oz/½ kopp mjukt farinsocker

150 g/5 oz/2/3 kopp smör eller margarin, smält

Sjud dadlarna, honungen och vattnet i en liten kastrull tills dadlarna är mjuka. Blanda samman mjöl, havre och socker och blanda sedan i det smälta smöret eller margarinet. Tryck ut hälften av blandningen i en smord 18 cm/7 i fyrkantig kakform (form), strö över dadelblandningen, toppa sedan med resterande havreblandning och tryck försiktigt ner. Grädda i en förvärmd ugn vid 180°C/350°F/gasmarkering 4 i 1 timme tills den är fast och gyllene. Låt svalna i formen, skär i stänger medan den fortfarande är varm.

Dadel och valnötsstänger

Gör 12

100 g/4 oz/½ kopp smör eller margarin, uppmjukat

150 g/5 oz/2/3 kopp strösocker (superfint).

1 ägg, lätt uppvispat

100 g/4 oz/1 kopp självhöjande (självjäsande) mjöl

225 g/8 oz/11/3 koppar stenade (urkärnade) dadlar, hackade

100 g/4 oz/1 kopp valnötter, hackade

15 ml/1 msk mjölk (valfritt)

100 g/4 oz/1 kopp vanlig (halvsöt) choklad

Rör ihop smör eller margarin och socker tills det blir ljust och pösigt. Blanda i ägget, sedan mjöl, dadlar och valnötter, tillsätt lite av mjölken om blandningen är för stel. Häll upp i en smord 30 x 20 cm/12 x 8 i Swiss Roll-form (gelérullform) och grädda i en förvärmd ugn vid 180°C/350°F/gasmark 4 i 30 minuter tills den blir spänstig. Låt svalna.

Smält chokladen i en värmesäker skål över en kastrull med lätt sjudande vatten. Bred ut över blandningen och låt svalna och stelna. Skär i stänger med en vass kniv.

Fig Barer

Gör 16

225 g/8 oz färska fikon, hackade

30 ml/2 msk klar honung

15 ml/1 msk citronsaft

225 g/8 oz/2 koppar fullkornsmjöl (helvete).

225 g/8 oz/2 koppar havregryn

225 g/8 oz/1 kopp smör eller margarin

75 g/3 oz/1/3 kopp mjukt farinsocker

Sjud fikon, honung och citronsaft på låg värme i 5 minuter. Låt svalna något. Blanda samman mjöl och havre, gnid sedan i smöret eller margarinet och rör ner sockret. Tryck ut hälften av blandningen i en smord 20 cm/8 i fyrkantig kakform (form), häll sedan fikonblandningen över toppen. Täck med resterande kakblandning och tryck ner ordentligt. Grädda i en förvärmd ugn vid 180°C/350°F/gasmarkering 4 i 30 minuter tills de är gyllenbruna. Låt svalna i formen och skär sedan i skivor medan den fortfarande är varm.

Flapjacks

Gör 16

75 g/3 oz/1/3 kopp smör eller margarin

50 g/2 oz/3 msk gyllene (ljus majs) sirap

100 g/4 oz/½ kopp mjukt farinsocker

175 g/6 oz/1½ koppar havregryn

Smält smöret eller margarinet med sirapen och sockret och rör sedan ner havren. Tryck ut i en smord 20 cm/8 i fyrkantig form och grädda i en förvärmd ugn vid 180°C/350°F/gasmark 4 i cirka 20 minuter tills de är lätt gyllene. Låt svalna något innan du skär upp i stänger, låt sedan svalna helt i formen innan du vänder ut.

Cherry Flapjacks

Gör 16

75 g/3 oz/1/3 kopp smör eller margarin

50 g/2 oz/3 msk gyllene (ljus majs) sirap

100 g/4 oz/½ kopp mjukt farinsocker

175 g/6 oz/1½ koppar havregryn

100 g/4 oz/1 kopp glacé (kanderade) körsbär, hackade

Smält smöret eller margarinet med sirapen och sockret och rör sedan ner havre och körsbär. Tryck ut i en smord 20 cm/8 i fyrkantig kakform (plåt) och grädda i en förvärmd ugn vid 180°C/350°F/gasmark 4 i cirka 20 minuter tills de är lätt gyllene. Låt svalna något innan du skär upp i stänger, låt sedan svalna helt i formen innan du vänder ut.

Choklad Flapjacks

Gör 16

75 g/3 oz/1/3 kopp smör eller margarin

50 g/2 oz/3 msk gyllene (ljus majs) sirap

100 g/4 oz/½ kopp mjukt farinsocker

175 g/6 oz/1½ koppar havregryn

100 g/4 oz/1 kopp chokladchips

Smält smöret eller margarinet med sirapen och sockret och rör sedan ner havre och chokladbitar. Tryck ut i en smord 20 cm/8 i fyrkantig kakform (panna) och grädda i en förvärmd ugn vid 180°C/350°F/gasmark 4 i cirka 20 minuter tills de är lätt gyllene. Låt svalna något innan du skär upp i stänger, låt sedan svalna helt i formen innan du vänder ut.

Frukt Flapjacks

Gör 16

75 g/3 oz/1/3 kopp smör eller margarin

100 g/4 oz/½ kopp mjukt farinsocker

50 g/2 oz/3 msk gyllene (ljus majs) sirap

175 g/6 oz/1½ koppar havregryn

75 g/3 oz/½ kopp russin, sultanor eller annan torkad frukt

Smält smöret eller margarinet med sockret och sirapen och rör sedan ner havre och russin. Tryck ut i en smord 20 cm/8 i fyrkantig kakform (plåt) och grädda i en förvärmd ugn vid 180°C/350°F/gasmark 4 i cirka 20 minuter tills de är lätt gyllene. Låt svalna något innan du skär upp i stänger, låt sedan svalna helt i formen innan du vänder ut.

Frukt och nötter Flapjacks

Gör 16

75 g/3 oz/1/3 kopp smör eller margarin

100 g/4 oz/1/3 kopp klar honung

50 g/2 oz/1/3 kopp russin

50 g/2 oz/½ kopp valnötter, hackade

175 g/6 oz/1½ koppar havregryn

Smält smöret eller margarinet med honungen på låg värme. Rör ner russin, valnötter och havre och blanda väl. Häll upp i en smord 23 cm/9 i fyrkantig kakform (form) och grädda i en förvärmd ugn vid 180°C/350°F/gasmark 4 i 25 minuter. Låt svalna i formen, skär i stänger medan den fortfarande är varm.

Ginger Flapjacks

Gör 16

75 g/3 oz/1/3 kopp smör eller margarin

100 g/4 oz/½ kopp mjukt farinsocker

50 g/2 oz/3 msk sirap från en burk ingefära

175 g/6 oz/1½ koppar havregryn

4 bitar stam ingefära, finhackad

Smält smöret eller margarinet med sockret och sirapen och rör sedan ner havre och ingefära. Tryck ut i en smord 20 cm/8 i fyrkantig kakform (panna) och grädda i en förvärmd ugn vid 180°C/350°F/gasmark 4 i cirka 20 minuter tills de är lätt gyllene. Låt svalna något innan du skär upp i stänger, låt sedan svalna helt i formen innan du vänder ut.

Nutty Flapjacks

Gör 16

75 g/3 oz/1/3 kopp smör eller margarin

50 g/2 oz/3 msk gyllene (ljus majs) sirap

100 g/4 oz/½ kopp mjukt farinsocker

175 g/6 oz/1½ koppar havregryn

100 g/4 oz/1 kopp hackade blandade nötter

Smält smöret eller margarinet med sirapen och sockret och rör sedan ner havre och nötter. Tryck ut i en smord 20 cm/8 i fyrkantig kakform (panna) och grädda i en förvärmd ugn vid 180°C/350°F/gasmark 4 i cirka 20 minuter tills de är lätt gyllene. Låt svalna något innan du skär upp i stänger, låt sedan svalna helt i formen innan du vänder ut.

Skarpa citronsmörkakor

Gör 16

100 g/4 oz/1 kopp vanligt (all-purpose) mjöl

100 g/4 oz/½ kopp smör eller margarin, uppmjukat

75 g/3 oz/½ kopp florsocker (konditor), siktad

2,5 ml/½ tsk bakpulver

En nypa salt

30 ml/2 msk citronsaft

10 ml/2 tsk rivet citronskal

Blanda ihop mjöl, smör eller margarin, florsocker och bakpulver. Tryck ut i en smord 23 cm/9 i fyrkantig kakform (form) och grädda i en förvärmd ugn vid 180°C/350°F/gasmark 4 i 20 minuter.

Blanda ihop resten av ingredienserna och vispa tills det blir ljust och fluffigt. Skeda över den varma basen, sänk ugnstemperaturen till 160°C/325°F/gasmarkering 3 och återvänd till ugnen i ytterligare 25 minuter tills den är spänstig vid beröring. Låt svalna och skär sedan i rutor.

Mocka och kokosrutor

Gör 20

1 ägg

100 g/4 oz/½ kopp strösocker (superfint).

100 g/4 oz/1 kopp vanligt (all-purpose) mjöl

10 ml/2 tsk bakpulver

En nypa salt

75 ml/5 msk mjölk

75 g/3 oz/1/3 kopp smör eller margarin, smält

15 ml/1 msk kakaopulver (osötad choklad).

2,5 ml/½ tsk vaniljessens (extrakt)

Till toppingen:

75 g/3 oz/½ kopp florsocker (konditor), siktad

50 g/2 oz/¼ kopp smör eller margarin, smält

45 ml/3 msk varmt starkt svart kaffe

15 ml/1 msk kakaopulver (osötad choklad).

2,5 ml/½ tsk vaniljessens (extrakt)

25 g/1 oz/¼ kopp torkad (strimlad) kokosnöt

Vispa ihop ägg och socker tills det blir ljust och pösigt. Rör ner mjöl, bakpulver och salt växelvis med mjölken och det smälta smöret eller margarinet. Rör ner kakao och vaniljessens. Häll upp blandningen i en smord 20 cm/8 i fyrkantig kakform (panna) och grädda i en förvärmd ugn vid 200°C/400°F/gasmark 6 i 15 minuter tills den är väl jäst och fjädrande vid beröring.

För att göra toppingen, blanda ihop florsocker, smör eller margarin, kaffe, kakao och vaniljessens. Bred över den varma kakan och strö över kokos. Låt svalna i formen, vänd sedan ut och skär i rutor.

Hej Dolly Cookies

Gör 16

100 g/4 oz/½ kopp smör eller margarin

100 g/4 oz/1 kopp digestive kex

(Grahamskex-smulor

100 g/4 oz/1 kopp chokladchips

100 g/4 oz/1 kopp torkad (strimlad) kokosnöt

100 g/4 oz/1 kopp valnötter, hackade

400 g/14 oz/1 stor burk kondenserad mjölk

Smält smöret eller margarinet och rör ner kexsmulorna. Tryck ut blandningen i botten av en smord och folieklädd 28 x 18 cm/11 x 7 i kakform (form). Strö över chokladbitarna, sedan kokosen och till sist valnötterna. Häll den kondenserade mjölken över toppen och grädda i en förvärmd ugn vid 180°C/350°F/gasmark 4 i 25 minuter. Skär i skivor medan de fortfarande är varma och låt svalna helt.

Nötter och choklad kokos bars

Gör 12

75 g/3 oz/¾ kopp mjölkchoklad

75 g/3 oz/¾ kopp vanlig (halvsöt) choklad

75 g/3 oz/1/3 kopp knaprigt jordnötssmör

75 g/3 oz/¾ kopp digestive kex (Graham cracker) smulor

75 g/3 oz/¾ kopp valnötter, krossade

75 g/3 oz/¾ kopp torkad (strimlad) kokosnöt

75 g/3 oz/¾ kopp vit choklad

Smält mjölkchokladen i en värmesäker skål över en kastrull med lätt sjudande vatten. Bred ut över botten av en 23 cm/7 i fyrkantig kakform (form) och låt stelna.

Smält försiktigt vanlig choklad och jordnötssmör på låg värme och rör sedan ner kexsmulor, valnötter och kokos. Bred över den stelnade chokladen och kyl tills den stelnat.

Smält den vita chokladen i en värmesäker skål över en kastrull med lätt sjudande vatten. Ringla över kexen i ett mönster och låt stelna innan du skär i stänger.

Nötiga rutor

Gör 12

75 g/3 oz/¾ kopp vanlig (halvsöt) choklad

50 g/2 oz/¼ kopp smör eller margarin

100 g/4 oz/½ kopp strösocker (superfint).

2 ägg

5 ml/1 tsk vaniljessens (extrakt)

75 g/3 oz/¾ kopp vanligt (all-purpose) mjöl

2,5 ml/½ tsk bakpulver

100 g/4 oz/1 kopp hackade blandade nötter

Smält chokladen i en värmesäker skål över en kastrull med lätt sjudande vatten. Rör ner smöret tills det smält och rör sedan i sockret. Ta av från värmen och vispa i ägg och vaniljsaft. Vänd ner mjöl, bakpulver och nötter. Häll blandningen i en smord 25 cm/10 i fyrkantig kakform och grädda i en förvärmd ugn vid 180°C/350°F/gasmark 4 i 15 minuter tills den är gyllene. Skär i små rutor medan de fortfarande är varma.

Apelsinpekannötskivor

Gör 16

375 g/13 oz/3¼ koppar vanligt (all-purpose) mjöl

275 g/10 oz/1¼ koppar strösocker (superfint).

5 ml/1 tsk bakpulver

75 g/3 oz/1/3 kopp smör eller margarin

2 ägg, vispade

175 ml/6 fl oz/¾ kopp mjölk

200 g/7 oz/1 liten burk mandariner, avrunna och grovt hackade

100 g/4 oz/1 kopp pekannötter, hackade

Finrivet skal av 2 apelsiner

10 ml/2 tsk mald kanel

Blanda samman 325 g/12 oz/3 koppar av mjölet, 225 g/8 oz/1 kopp av sockret och bakpulvret. Smält 50 g/2 oz/¼ kopp av smöret eller margarinet och rör ner äggen och mjölken. Blanda försiktigt vätskan i de torra ingredienserna tills den är slät. Vänd ner mandariner, pekannötter och apelsinskal. Häll upp i en smord och klädd 30 x 20 cm/12 x 8 i bakform (form). Gnid ihop resterande mjöl, socker, smör och kanel och strö över kakan. Grädda i en förvärmd ugn vid 180°C/350°F/gasmarkering 4 i 40 minuter tills de är gyllene. Låt svalna i formen och skär sedan i ca 16 skivor.

Parkin

Gör 16 rutor

100 g/4 oz/½ kopp ister (förkortning)

100 g/4 oz/½ kopp smör eller margarin

75 g/3 oz/1/3 kopp mjukt farinsocker

100 g/4 oz/1/3 kopp gyllene (ljus majs) sirap

100 g/4 oz/1/3 kopp svart sirap (melass)

10 ml/2 tsk bikarbonatsoda (bakpulver)

150 ml/¼ pt/2/3 kopp mjölk

225 g/8 oz/2 koppar fullkornsmjöl (helvete).

225 g/8 oz/2 koppar havregryn

10 ml/2 tsk mald ingefära

2,5 ml/½ tsk salt

Smält ihop ister, smör eller margarin, socker, sirap och sirap i en kastrull. Lös upp bikarbonatet i mjölken och rör ner i pannan med de återstående ingredienserna. Häll upp i en smord och fodrad 20 cm/8 i fyrkantig kakform och grädda i en förvärmd ugn vid 160°C/325°F/gasmark 3 i 1 timme tills den stelnar. Det kan sjunka i mitten. Låt svalna och förvara sedan i en lufttät behållare i några dagar innan du skär upp i rutor och serverar.

Jordnötssmörstänger

Gör 16

100 g/4 oz/1 kopp smör eller margarin

175 g/6 oz/1¼ koppar vanligt (all-purpose) mjöl

175 g/6 oz/¾ kopp mjukt farinsocker

75 g/3 oz/1/3 kopp jordnötssmör

En nypa salt

1 liten äggula, vispad

2,5 ml/½ tsk vaniljessens (extrakt)

100 g/4 oz/1 kopp vanlig (halvsöt) choklad

50 g/2 oz/2 koppar puffade risflingor

Gnid in smöret eller margarinet i mjölet tills blandningen liknar ströbröd. Rör ner sockret, 30 ml/2 msk jordnötssmör och saltet. Rör ner äggulan och vaniljessensen och blanda tills det är väl blandat. Tryck ut i en 25 cm/10 i fyrkantig kakform (form). Grädda i en förvärmd ugn vid 160°C/325°F/gasmarkering 3 i 30 minuter tills den har jäst och fjädrar vid beröring.

Smält chokladen i en värmesäker skål över en kastrull med lätt sjudande vatten. Ta av från värmen och rör ner resterande jordnötssmör. Rör ner flingorna och blanda väl tills den täcks av chokladblandningen. Skeda över kakan och jämna till ytan. Låt svalna, kyl sedan och skär i stänger.

Picknickskivor

Gör 12

225 g/8 oz/2 koppar vanlig (halvsöt) choklad

50 g/2 oz/¼ kopp smör eller margarin, mjukat

100 g/4 oz/½ kopp strösocker

1 ägg, lätt uppvispat

100 g/4 oz/1 kopp torkad (strimlad) kokosnöt

50 g/2 oz/1/3 kopp sultanas (gyllene russin)

50 g/2 oz/¼ kopp glacé (kanderade) körsbär, hackade

Smält chokladen i en värmesäker skål över en kastrull med lätt sjudande vatten. Häll i botten av en smord och fodrad 30 x 20 cm/12 x 8 i Swiss Roll-form (gelérullform). Rör ihop smör eller margarin och socker tills det blir ljust och pösigt. Tillsätt ägget gradvis och blanda sedan i kokos, sultan och körsbär. Bred över chokladen och grädda i en förvärmd ugn vid 150°C/300°F/gasmarkering 3 i 30 minuter tills den är gyllenbrun. Låt svalna och skär sedan i skivor.

Ananas och kokos bars

Gör 20

1 ägg

100 g/4 oz/½ kopp strösocker (superfint).

75 g/3 oz/¾ kopp vanligt (all-purpose) mjöl

5 ml/1 tsk bakpulver

En nypa salt

75 ml/5 msk vatten

Till toppingen:

200 g/7 oz/1 liten burk ananas, avrunnen och hackad

25 g/1 oz/2 msk smör eller margarin

50 g/2 oz/¼ kopp strösocker (superfint).

1 äggula

25 g/1 oz/¼ kopp torkad (strimlad) kokosnöt

5 ml/1 tsk vaniljessens (extrakt)

Vispa ihop ägg och socker tills det blir ljust och blekt. Vänd ner mjöl, bakpulver och salt växelvis med vattnet. Häll upp i en smord och mjölad 18 cm/7 i fyrkantig kakform (panna) och grädda i en förvärmd ugn vid 200°C/400°F/gasmark 6 i 20 minuter tills den är väl jäst och fjädrande vid beröring. Skeda ananasen över den varma kakan. Värm de återstående toppingsingredienserna i en liten kastrull på låg värme, rör kontinuerligt tills det är väl blandat utan att låta blandningen koka. Skeda över ananasen och sätt tillbaka kakan i ugnen i ytterligare 5 minuter tills toppingen blir gyllenbrun. Låt svalna i formen i 10 minuter, vänd sedan upp på ett galler för att avsluta svalningen innan du skär i stänger.

Plommonjästkaka

Gör 16

15 g/½ oz färsk jäst eller 20 ml/4 tsk torkad jäst

50 g/2 oz/¼ kopp strösocker (superfint).

150 ml/¼ pt/2/3 kopp varm mjölk

50 g/2 oz/¼ kopp smör eller margarin, smält

1 ägg

1 äggula

250 g/9 oz/2¼ koppar vanligt (all-purpose) mjöl

5 ml/1 tsk fint rivet citronskal

675 g/1½ lb plommon, i fjärdedelar och stenade (urkärnade)

Florsocker, siktat, för att pudra

Mald kanel

Blanda jästen med 5 ml/1 tsk av sockret och lite av den varma mjölken och låt stå på en varm plats i 20 minuter tills den skummar. Vispa resterande socker och mjölk med det smälta smöret eller margarinet, ägget och äggulan. Blanda samman mjöl och citronskal i en skål och gör en brunn i mitten. Vispa gradvis i jästblandningen och äggblandningen till en mjuk deg. Vispa tills degen är väldigt slät och bubblor börjar bildas på ytan. Tryck ut försiktigt i en smord och mjölad 25 cm/10 i fyrkantig kakform (form). Lägg plommonen tätt över degen. Täck med oljad plastfolie (plastfolie) och låt stå på en varm plats i 1 timme tills den fördubblats. Sätt in i en förvärmd ugn vid 200°C/400°F/gasmark 6, sänk sedan omedelbart ugnstemperaturen till 190°C/375°F/gasmark 5 och grädda i 45 minuter. Sänk ugnstemperaturen igen till 180°C/350°F/gasmarkering 4 och grädda i ytterligare 15 minuter tills den är gyllenbrun. Pudra kakan med florsocker och kanel medan den fortfarande är varm, låt den svalna och skär i rutor.

Amerikanska pumpastänger

Gör 20

2 ägg

175 g/6 oz/¾ kopp strösocker (superfint).

120 ml/4 fl oz/½ kopp olja

225 g/8 oz kokt, tärnad pumpa

100 g/4 oz/1 kopp vanligt (all-purpose) mjöl

5 ml/1 tsk bakpulver

5 ml/1 tsk mald kanel

2,5 ml/½ tsk bikarbonatsoda (bakpulver)

50 g/2 oz/1/3 kopp sultanas (gyllene russin)

Gräddostglasyr

Vispa äggen ljust och pösigt, vispa sedan i socker och olja och rör ner pumpan. Vispa i mjöl, bakpulver, kanel och bikarbonat tills det är väl blandat. Rör ner sultanerna. Häll blandningen i en smord och mjölad 30 x 20 cm/12 x 8 i Swiss Roll-form (gelérullform) och grädda i en förvärmd ugn vid 180°C/350°F/gasmark 4 i 30 minuter tills ett spett sticker in i mitten kommer ut rent. Låt svalna, fördela sedan med färskostglasyr och skär i barer.

Kvitten och mandelstänger

Gör 16

450 g/1 lb kvitten

50 g/2 oz/¼ kopp ister (förkortning)

50 g/2 oz/¼ kopp smör eller margarin

100 g/4 oz/1 kopp vanligt (all-purpose) mjöl

30 ml/2 msk strösocker (superfint).

Ca 30 ml/2 msk vatten

För fyllningen:

75 g/3 oz/1/3 kopp smör eller margarin, mjukat

100 g/4 oz/½ kopp strösocker (superfint).

2 ägg

Några droppar mandelessens (extrakt)

100 g/4 oz/1 kopp mald mandel

25 g/1 oz/¼ kopp vanligt (all-purpose) mjöl

50 g/2 oz/½ kopp flingad mandel

Skala, kärna ur och skiva kvittena tunt. Lägg i en kastrull och bara täck med vatten. Koka upp och låt sjuda i cirka 15 minuter tills de är mjuka. Häll av överflödigt vatten.

Gnid in ister och smör eller margarin i mjölet tills blandningen liknar ströbröd. Rör ner sockret. Tillsätt precis tillräckligt med vatten för att blandas till en mjuk deg, kavla sedan ut på en lätt mjölad yta och använd för att fodra botten och sidorna av en 30 x 20 cm/12 x 8 i Swiss Roll-form (gelérullform). Nagga överallt med en gaffel. Använd en hålslev och arrangera kvitten över degen.

Rör ihop smöret eller margarinet och sockret och vispa sedan gradvis ner ägg och mandelessens. Vänd ner malen mandel och mjöl och skeda över kvitten. Strö de strimlade mandlarna över toppen och grädda i en förvärmd ugn vid 180°C/350°F/gasmarkering 4 i 45 minuter tills den är fast och gyllenbrun. Skär i rutor när de svalnat.

Raisin Bars

Gör 12

175 g/6 oz/1 kopp russin

250 ml/8 fl oz/1 kopp vatten

75 ml/5 msk olja

225 g/8 oz/1 kopp strösocker (superfint).

1 ägg, lätt uppvispat

200 g/7 oz/1¾ koppar vanligt (all-purpose) mjöl

1,5 ml/¼ tsk salt

5 ml/1 tsk bikarbonatsoda (bakpulver)

5 ml/1 tsk mald kanel

2,5 ml/½ tsk riven muskotnöt

2,5 ml/½ tsk mald kryddpeppar

En nypa mald kryddnejlika

50 g/2 oz/½ kopp chokladchips

50 g/2 oz/½ kopp valnötter, hackade

30 ml/2 msk florsocker (konditor), siktat

Koka upp russinen och vattna, tillsätt sedan oljan, ta av från värmen och låt svalna något. Rör ner strösocker och ägg. Blanda samman mjöl, salt, bikarbonat och kryddor. Blanda med russinblandningen och rör sedan ner chokladbitarna och valnötterna. Häll upp i en smord 30 cm/12 i fyrkantig kakform (panna) och grädda i en förvärmd ugn vid 190°C/375°F/gasmark 5 i 25 minuter tills kakan börjar krympa bort från formens sidor. Låt svalna innan du pudrar med florsocker och skär i barer.

Hallonhavre rutor

Gör 12

175 g/6 oz/¾ kopp smör eller margarin

225 g/8 oz/2 koppar självhöjande (självjäsande) mjöl

5 ml/1 tsk salt

175 g/6 oz/1½ koppar havregryn

175 g/6 oz/¾ kopp strösocker (superfint).

300 g/11 oz/1 medium burk hallon, avrunna

Gnid in smöret eller margarinet i mjölet och saltet och rör sedan ner havre och socker. Tryck ut hälften av blandningen i en smord 25 cm/10 i fyrkantig bakform (panna). Strö ut hallonen över toppen och täck med resten av blandningen, tryck ner ordentligt. Grädda i en förvärmd ugn vid 200°C/400°F/gasmark 6 i 20 minuter. Låt svalna något i formen innan du skär i rutor.

Sandkaka Kanel Maränger

Gör 24

75 g/3 oz/½ kopp florsocker (konditor), siktad

100 g/4 oz/1 kopp vanligt (all-purpose) mjöl

100 g/4 oz/½ kopp smör eller margarin, uppmjukat

1 ägg

225 g/8 oz/2/3 kopp sylt (fruktkonserver)

2 äggvitor

100 g/4 oz/½ kopp strösocker (superfint).

2,5 ml/½ tsk mald kanel

Blanda ihop florsocker, mjöl, smör eller margarin och ägg. Tryck ut blandningen i botten av en smord 25 cm/12 i fyrkantig kakform och grädda i en förvärmd ugn vid 180°C/350°F/gasmark 4 i 10 minuter. Ta ut ur ugnen och bred ut sylten ovanpå. Vispa äggvitorna tills de håller mjuka toppar, vispa sedan i strösocker och kanel tills blandningen är fast och glansig. Bred över sylten och sätt tillbaka till ugnen i 25 minuter tills den är gyllenbrun. Låt svalna och skär sedan i rutor.

Glacé Icing

Räcker till att täcka en 20 cm/8 i tårta

100 g/4 oz/2/3 kopp florsocker (konditorer), siktat

25–30 ml/1½–2 msk vatten

Några droppar matfärgning (valfritt)

Häll sockret i en skål och blanda i vattnet lite i taget tills glasyren är slät. Färga med några droppar matfärg, om så önskas. Glasyren blir ogenomskinlig om den sprids över kalla kakor eller genomskinlig om den sprids över varma kakor.

Coffee Glacé glasyr

Räcker till att täcka en 20 cm/8 i tårta

100 g/4 oz/2/3 kopp florsocker (konditorer), siktat

25–30 ml/1½–2 msk mycket starkt svart kaffe

Häll sockret i en skål och blanda i kaffet lite i taget tills glasyren är slät.

Citron Glacé glasyr

Räcker till att täcka en 20 cm/8 i tårta

100 g/4 oz/2/3 kopp florsocker (konditorer), siktat

25–30 ml/1½–2 msk citronsaft

Finrivet skal av 1 citron

Lägg sockret i en skål och blanda i citronsaften och skalet lite i taget tills glasyren är slät.

Orange Glacé glasyr

Räcker till att täcka en 20 cm/8 i tårta

100 g/4 oz/2/3 kopp florsocker (konditorer), siktat

25–30 ml/1½–2 msk apelsinjuice

Finrivet skal av 1 apelsin

Lägg sockret i en skål och blanda i apelsinjuicen och skalet lite i taget tills glasyren är slät.

Rom Glacé Icing

Räcker till att täcka en 20 cm/8 i tårta

100 g/4 oz/2/3 kopp florsocker (konditorer), siktat

25–30 ml/1½–2 msk rom

Lägg sockret i en skål och blanda i romen lite i taget tills glasyren är slät.

Vanilj Glacé glasyr

Räcker till att täcka en 20 cm/8 i tårta

100 g/4 oz/2/3 kopp florsocker (konditorer), siktat

25 ml/1½ msk vatten

Några droppar vaniljessens (extrakt)

Häll sockret i en skål och blanda i vattnet och vaniljessensen lite i taget tills glasyren är slät.

Kokt chokladglasyr

Räcker till att täcka en 23 cm/9 i tårta

275 g/10 oz/1¼ koppar strösocker (superfint).

100 g/4 oz/1 kopp vanlig (halvsöt) choklad

50 g/2 oz/¼ kopp kakaopulver (osötad choklad)

120 ml/4 fl oz/½ kopp vatten

Koka upp alla ingredienserna, rör om tills de är väl blandade. Koka över medelvärme till 108°C/220°F eller när en lång tråd bildas när den dras mellan två teskedar. Häll upp i en bred skål och vispa tills det blir tjockt och glansigt.

Choklad-kokos Topping

Räcker till att täcka en 23 cm/9 i tårta

175 g/6 oz/1½ koppar vanlig (halvsöt) choklad

90 ml/6 msk kokande vatten

225 g/8 oz/2 koppar torkad (strimlad) kokosnöt

Mosa chokladen och vattnet i en mixer eller matberedare, tillsätt sedan kokosen och bearbeta tills det är slätt. Strö över vanliga kakor medan de fortfarande är varma.

Fudge Topping

Räcker till att täcka en 23 cm/9 i tårta

50 g/2 oz/¼ kopp smör eller margarin

45 ml/3 msk kakaopulver (osötad choklad).

60 ml/4 msk mjölk

425 g/15 oz/2½ koppar florsocker (konditor), siktad

5 ml/1 tsk vaniljessens (extrakt)

Smält smöret eller margarinet i en liten kastrull och rör sedan ner kakao och mjölk. Koka upp under konstant omrörning och ta sedan bort från värmen. Rör gradvis ner sockret och vaniljessensen och vispa till en slät smet.

Sweet Cream Cheese Topping

Räcker till att täcka en 30 cm/12 i tårta

100 g/4 oz/½ kopp färskost

25 g/1 oz/2 msk smör eller margarin, uppmjukat

350 g/12 oz/2 koppar florsocker (konditorer), siktat

5 ml/1 tsk vaniljessens (extrakt)

30 ml/2 msk klar honung (valfritt)

Vispa ihop färskost och smör eller margarin tills det blir lätt och fluffigt. Vispa gradvis i socker och vaniljessens tills det är slätt. Söta med lite honung om så önskas.

American Velvet Frosting

Räcker till att täcka två 23 cm/9 i kakor

175 g/6 oz/1½ koppar vanlig (halvsöt) choklad

120 ml/4 fl oz/½ kopp syrad (mejerisyra) grädde

5 ml/1 tsk vaniljessens (extrakt)

En nypa salt

400 g/14 oz/21/3 koppar florsocker (konditor), siktad

Smält chokladen i en värmesäker skål över en kastrull med lätt sjudande vatten. Ta av från värmen och rör ner grädde, vaniljsaft och salt. Vispa gradvis i sockret tills det är slätt.

Smörglasyr

Räcker till att täcka en 23 cm/9 i tårta

50 g/2 oz/¼ kopp smör eller margarin, mjukat

250 g/9 oz/1½ koppar florsocker (konditorer), siktat

5 ml/1 tsk vaniljessens (extrakt)

30 ml/2 msk enkel (lätt) kräm

Grädde smöret eller margarinet tills det är mjukt och blanda sedan gradvis i sockret, vaniljessensen och grädden tills det är slätt och krämigt.

Caramel Frosting

Räcker till att fylla och täcka en 23 cm/9 i tårta

100 g/4 oz/½ kopp smör eller margarin

225 g/8 oz/1 kopp mjukt farinsocker

60 ml/4 msk mjölk

350 g/12 oz/2 koppar florsocker (konditorer), siktat

Smält smöret eller margarinet och sockret på låg värme, rör hela tiden tills det blandas. Rör ner mjölken och låt koka upp. Ta av från värmen och låt svalna. Vispa i florsockret tills du har en bredande konsistens.

Citronfrosting

Räcker till att täcka en 23 cm/9 i tårta

25 g/1 oz/2 msk smör eller margarin

5 ml/1 tsk rivet citronskal

30 ml/2 msk citronsaft

250 g/9 oz/1½ koppar florsocker (konditorer), siktat

Rör ihop smöret eller mar-garinet och citronskalet tills det blir ljust och fluffigt. Vispa gradvis i citronsaft och socker tills det är slätt.

Kaffe smörkräm Frosting

Räcker till att fylla och täcka en 23 cm/9 i tårta

1 äggvita

75 g/3 oz/1/3 kopp smör eller margarin, mjukat

30 ml/2 msk varm mjölk

5 ml/1 tsk vaniljessens (extrakt)

15 ml/1 msk snabbkaffegranulat

En nypa salt

350 g/12 oz/2 koppar florsocker (konditor), siktat

Blanda ihop äggvita, smör eller margarin, varm mjölk, vaniljessens, kaffe och salt. Blanda gradvis i florsockret tills det är slätt.

Lady Baltimore Frosting

Räcker till att fylla och täcka en 23 cm/9 i tårta

50 g/2 oz/1/3 kopp russin, hackade

50 g/2 oz/¼ kopp glacé (kanderade) körsbär, hackade

50 g/2 oz/½ kopp pekannötter, hackade

25 g/1 oz/3 msk torkade fikon, hackade

2 äggvitor

350 g/12 oz/1½ koppar strösocker (superfint).

En nypa grädde av tartar

75 ml/5 msk kallt vatten

En nypa salt

5 ml/1 tsk vaniljessens (extrakt)

Blanda ihop russin, körsbär, nötter och fikon. Vispa äggvita, socker, grädde av tartar, vatten och salt i en värmesäker skål över en kastrull med lätt sjudande vatten i ca 5 minuter tills det bildas styva toppar. Ta av från värmen och vispa i vaniljessensen. Blanda frukterna till en tredjedel av glasyren och använd för att fylla kakan, fördela sedan resten över toppen och sidorna av kakan.

Vit frosting

Räcker till att täcka en 23 cm/9 i tårta

225 g/8 oz/1 kopp strösocker

1 äggvita

30 ml/2 msk vatten

15 ml/1 msk gyllene (ljus majs) sirap

Vispa samman socker, äggvita och vatten i en värmesäker skål över en kastrull med lätt sjudande vatten. Fortsätt att vispa i upp till 10 minuter tills blandningen tjocknar och bildar styva toppar. Ta av från värmen och tillsätt sirapen. Fortsätt vispa tills du får en bred konsistens.

Krämig vit frosting

Räcker till att fylla och täcka en 23 cm/9 i tårta

75 ml/5 msk enkel (lätt) kräm

5 ml/1 tsk vaniljessens (extrakt)

75 g/3 oz/1/3 kopp färskost

10 ml/2 tsk smör eller margarin, uppmjukat

En nypa salt

350 g/12 oz/2 koppar florsocker (konditorer), siktat

Mixa grädden, vaniljessensen, färskosten, smöret eller margarinet och salta till en slät smet. Arbeta gradvis in florsockret tills det är slätt.

Fluffig vit frosting

Räcker till att fylla och täcka en 23 cm/9 i tårta

2 äggvitor

350 g/12 oz/1½ koppar strösocker (superfint).

En nypa grädde av tartar

75 ml/5 msk kallt vatten

En nypa salt

5 ml/1 tsk vaniljessens (extrakt)

Vispa ihop äggvita, socker, grädde av tartar, vatten och salt i en värmesäker skål över en kastrull med lätt sjudande vatten i ca 5 minuter tills det bildas stela toppar. Ta av från värmen och vispa i vaniljessensen. Använd för att lägga ihop kakan och fördela sedan resten över toppen och sidorna av kakan.

Brunsockerglasyr

Räcker till att täcka en 23 cm/9 i tårta

225 g/8 oz/1 kopp mjukt farinsocker

1 äggvita

30 ml/2 msk vatten

5 ml/1 tsk vaniljessens (extrakt)

Vispa samman socker, äggvita och vatten i en värmesäker skål över en kastrull med lätt sjudande vatten. Fortsätt att vispa i upp till 10 minuter tills blandningen tjocknar och bildar styva toppar. Ta av från värmen och tillsätt vaniljessensen. Fortsätt vispa tills du får en bred konsistens.

Vaniljsmörkrämfrosting

Räcker till att fylla och täcka en 23 cm/9 i tårta

1 äggvita

75 g/3 oz/1/3 kopp smör eller margarin, mjukat

30 ml/2 msk varm mjölk

5 ml/1 tsk vaniljessens (extrakt)

En nypa salt

350 g/12 oz/2 koppar florsocker (konditor), siktat

Blanda ihop äggvita, smör eller margarin, varm mjölk, vaniljessens och salt. Blanda gradvis i florsockret tills det är slätt.

Vaniljkräm

Ger 600 ml/1 pt/2½ koppar

100 g/4 oz/½ kopp strösocker (superfint).

50 g/2 oz/¼ kopp majsmjöl (majsstärkelse)

4 äggulor

600 ml/1 pt/2½ koppar mjölk

1 vaniljstång (stång)

Florsocker, siktat, för att strö över

Vispa hälften av sockret med majsmjöl och äggulor tills det är ordentligt blandat. Koka upp resten av sockret och mjölken med vaniljstången. Vispa ner sockerblandningen i den varma mjölken, återuppta sedan kokningen under konstant vispning och koka i 3 minuter tills den tjocknat. Häll upp i en skål, strö över florsocker för att förhindra att det bildas skinn och låt svalna. Vispa igen före användning.

Vaniljsåsfyllning

Räcker för att fylla en 23 cm/9 i tårta

325 ml/11 fl oz/1 1/3 koppar mjölk

45 ml/3 msk majsmjöl (majsstärkelse)

60 g/2½ oz/1/3 kopp strösocker (superfint).

1 ägg

15 ml/1 msk smör eller margarin

5 ml/1 tsk vaniljessens (extrakt)

Blanda 30 ml/2 msk mjölk med majsmjöl, socker och ägg. Koka upp resten av mjölken till strax under kokpunkten i en liten kastrull. Rör gradvis ner den varma mjölken i äggblandningen. Skölj ur kastrullen, häll sedan tillbaka blandningen i kastrullen och rör om på låg värme tills den tjocknar. Rör ner smöret eller margarinet och vaniljessensen. Täck med smörat smörpapper (vaxat) och låt svalna.

Dansk vaniljsåsfyllning

Ger 750 ml/1¼ pts/3 koppar

2 ägg

50 g/2 oz/¼ kopp strösocker (superfint).

50 g/2 oz/½ kopp vanligt (all-purpose) mjöl

600 ml/1 pt/2½ koppar mjölk

¼ vaniljstång (stång)

Vispa ihop ägg och socker tills det blir tjockt. Arbeta gradvis in mjölet. Koka upp mjölken och vaniljstången. Ta bort vaniljstången och rör ner mjölken i äggblandningen. Återgå till kastrullen och låt sjuda försiktigt i 2–3 minuter under konstant omrörning. Låt svalna innan användning.

Rik dansk vaniljsåsfyllning

Ger 750 ml/1¼ pts/3 koppar

4 äggulor

30 ml/2 msk strösocker

25 ml/1½ msk vanligt (all-purpose) mjöl

10 ml/2 tsk potatismjöl

450 ml/¾ pt/2 koppar enkel (lätt) kräm

Några droppar vaniljessens (extrakt)

150 ml/¼ pt/2/3 kopp dubbel (tung) grädde, vispad

Blanda ihop äggulor, socker, mjöl och grädde i en kastrull. Vispa på medelvärme tills blandningen börjar tjockna. Tillsätt vaniljessensen och låt svalna. Vänd ner den vispade grädden.

Crème Patissière

Ger 300 ml/½ pt/1¼ koppar

2 ägg, separerade

45 ml/3 msk majsmjöl (majsstärkelse)

300 ml/½ pt/1¼ koppar mjölk

Några droppar vaniljessens (extrakt)

50 g/2 oz/¼ kopp strösocker (superfint).

Blanda ihop äggulor, majsmjöl och mjölk i en liten kastrull tills det är väl blandat. Koka upp på medelhög värme och låt sjuda i 2 minuter, rör hela tiden. Rör ner vaniljessensen och låt svalna.

Vispa äggvitorna stela, tillsätt sedan hälften av sockret och vispa igen tills de bildar stela toppar. Vänd ner resten av sockret. Vispa ner i gräddblandningen och kyl tills den ska användas.

Ginger Cream Fyllning

Räcker för att fylla en 23 cm/9 i tårta

100 g/4 oz/½ kopp smör eller margarin, uppmjukat

450 g/1 lb/22/3 koppar florsocker (konditor), siktad

5 ml/1 tsk mald ingefära

30 ml/2 msk mjölk

75 g/3 oz/¼ kopp svart sirap (melass)

Vispa smöret eller margarinet med socker och ingefära tills det blir ljust och krämigt. Vispa gradvis i mjölken och sirapen tills den är slät och bredbar. Om fyllningen är för tunn, vispa i lite mer socker.

Citronfyllning

Ger 250 ml/8 fl oz/1 kopp

100 g/4 oz/½ kopp strösocker (superfint).

30 ml/2 msk majsmjöl (majsstärkelse)

60 ml/4 msk citronsaft

15 ml/1 msk rivet citronskal

120 ml/4 fl oz/½ kopp vatten

En nypa salt

15 ml/1 msk smör eller margarin

Blanda ihop alla ingredienser utom smöret eller margarinet i en liten kastrull på låg värme, rör försiktigt tills blandningen är väl blandad. Koka upp och koka i 1 minut. Rör ner smöret eller margarinet och låt svalna. Kyl ner innan användning.

Chokladglasyr

Räcker för att glasera en 25 cm/10 i tårta

50 g/2 oz/½ kopp vanlig (halvsöt) choklad, hackad

50 g/2 oz/¼ kopp smör eller margarin

2,5 ml/½ tsk vaniljessens (extrakt)

75 ml/5 msk kokande vatten

350 g/12 oz/2 koppar florsocker (konditorer), siktat

Mixa alla ingredienserna i en mixer eller matberedare tills det är slätt, tryck ner ingredienserna efter behov. Använd på en gång.

Fruktkaka glasyr

Räcker för att glasera en 25 cm/10 i tårta

75 ml/5 msk gyllene (ljus majs) sirap

60 ml/4 msk ananas- eller apelsinjuice

Blanda sirap och juice i en liten kastrull och låt koka upp. Ta av från värmen och pensla blandningen över toppen och sidorna av en avsvalnad kaka. Låt stelna. Koka upp glasyren igen och pensla ett andra lager över kakan.

Orange Fruitcake Glaze

Räcker för att glasera en 25 cm/10 i tårta

50 g/2 oz/¼ kopp strösocker (superfint).

30 ml/2 msk apelsinjuice

10 ml/2 tsk rivet apelsinskal

Blanda ingredienserna i en liten kastrull och låt koka upp under konstant omrörning. Ta av från värmen och pensla blandningen över toppen och sidorna av en avsvalnad kaka. Låt stelna. Koka upp glasyren igen och pensla ett andra lager över kakan.

Mandelmarängrutor

Gör 12

225 g/8 oz mördeg

60 ml/4 msk hallonsylt (konservera)

2 äggvitor

50 g/2 oz/½ kopp mald mandel

100 g/4 oz/½ kopp strösocker (superfint).

Några droppar mandelessens (extrakt)

25 g/1 oz/¼ kopp flingad mandel

Kavla ut degen (pasta) och använd för att fodra en smord 30 x 20 cm/12 x 8 i Swiss Roll-form (gelérullform). Bred ut med sylten. Vispa äggvitorna hårt, vänd sedan försiktigt ner mandeln, sockret och mandelessensen. Bred över sylten och strö över mandeln. Grädda i en förvärmd ugn vid 180°C/350°F/gasmarkering 4 i 45 minuter tills de är gyllene och knapriga. Låt svalna och skär sedan i rutor.

Ängel droppar

Gör 24

50 g/2 oz/¼ kopp smör eller margarin, mjukat

50 g/2 oz/¼ kopp ister (förkortning)

100 g/4 oz/½ kopp strösocker (superfint).

1 litet ägg, uppvispat

Några droppar vaniljessens (extrakt)

175 g/6 oz/1½ koppar självhöjande (självjäsande) mjöl

45 ml/3 msk havregryn

50 g/2 oz/¼ kopp glacé (kanderade) körsbär, halverade

Rör ihop smör eller mar-garin, ister och socker tills det blir ljust och fluffigt. Vispa i ägget och vaniljessensen, vänd sedan ner mjölet och blanda till en fast deg. Bryt till små bollar och rulla i havren. Lägg väl isär på en smord bakplåt och toppa var och en med ett körsbär. Grädda i en förvärmd ugn vid 180°C/350°F/gasmarkering 4 i 20 minuter tills den är precis stel. Låt svalna på plåten.

Mandelskivor

Gör 12

100 g/4 oz/½ kopp smör eller margarin

225 g/8 oz/2 koppar vanligt (all-purpose) mjöl

5 ml/1 tsk bakpulver

50 g/2 oz/¼ kopp strösocker (superfint).

1 ägg, separerat

75 ml/5 msk hallonsylt (konservera)

100 g/4 oz/2/3 kopp florsocker (konditorer), siktat

100 g/4 oz/1 kopp flingad mandel

Gnid in smöret eller margarinet i mjölet och bakpulvret tills blandningen liknar ströbröd. Rör ner sockret, blanda sedan i äggulan och knåda till en fast deg. Kavla ut på en lätt mjölad yta för att passa en smord 30 x 20 cm/12 x 8 i Swiss Roll-form (gelérullform). Tryck försiktigt ner i formen och lyft lätt kanterna på degen för att göra en läpp. Bred ut med sylten. Vispa äggvitan hårt och vispa sedan i florsockret gradvis. Bred över sylten och strö över mandeln. Grädda i en förvärmd ugn vid 160°C/325°F/gasmarkering 3 i 1 timme tills den är gyllenbrun och precis stel. Låt svalna i formen i 5 minuter, skär sedan i fingrar och vänd ut på ett galler för att avsluta kylningen.

Bakewell Tartlets

Gör 24

Till bakverket:

25 g/1 oz/2 msk ister (förkortning)

25 g/1 oz/2 msk smör eller margarin

100 g/4 oz/1 kopp vanligt (all-purpose) mjöl

En nypa salt

30 ml/2 msk vatten

45 ml/3 msk hallonsylt (konservera)

För fyllningen:

50 g/2 oz/¼ kopp smör eller margarin, mjukat

50 g/2 oz/¼ kopp strösocker (superfint).

1 ägg, lätt uppvispat

25 g/1 oz/¼ kopp självhöjande (självjäsande) mjöl

25 g/1 oz/¼ kopp mald mandel

Några droppar mandelessens (extrakt)

För att göra degen (pasta), gnid in ister och smör eller margarin i mjölet och saltet tills blandningen liknar ströbröd. Blanda i tillräckligt mycket av vattnet för att göra en mjuk bakelse. Kavla ut tunt på en lätt mjölad yta, skär i 7,5 cm/3 i cirklar och använd för att fodra delarna av två smorda bullformar (biffformar). Fyll med sylt.

För att göra fyllningen, grädda ihop smör eller margarin och socker och blanda sedan gradvis i ägget. Rör ner mjöl, mald mandel och mandelessens. Häll blandningen i tårtorna, försegla kanterna mot bakverket så att sylten täcks helt. Grädda i en förvärmd ugn vid 180°C/350°F/gasmarkering 4 i 20 minuter tills de är gyllenbruna.

Chokladfjärilskakor

Gör ca 12 kakor

Till kakorna:

100 g/4 oz/½ kopp smör eller margarin, uppmjukat

100 g/4 oz/½ kopp strösocker (superfint).

2 ägg, lätt vispade

100 g/4 oz/1 kopp självhöjande (självjäsande) mjöl

30 ml/2 msk kakaopulver (osötad choklad).

En nypa salt

30 ml/2 msk kall mjölk

För glasyren (frosting):

50 g/2 oz/¼ kopp smör eller margarin, mjukat

100 g/4 oz/2/3 kopp florsocker (konditorer), siktat

10 ml/2 tsk varm mjölk

För att göra kakorna, grädda ihop smör eller margarin och socker tills det blir blekt och fluffigt. Blanda gradvis i äggen växelvis med mjöl, kakao och salt, tillsätt sedan mjölken så att du får en mjuk blandning. Häll upp i papperskakor (muffinspapper) eller smorda bullformar (biffformar) och grädda i en förvärmd ugn på 190°/375°F/gasmark 5 i 15–20 minuter tills de är väl jäst och fjädrande vid beröring. Låt svalna. Skär av toppen på kakorna horisontellt och skär sedan toppen på mitten vertikalt för att göra fjärilsvingarna.

För att göra glasyren, vispa smöret eller margarinet tills det är mjukt och vispa sedan i hälften av florsockret. Vispa i mjölken och sedan resten av sockret. Fördela glasyrblandningen mellan kakorna och tryck sedan in 'vingarna' i topparna på kakorna snett.

Kokoskakor

Gör 12

100 g/4 oz mördeg

50 g/2 oz/¼ kopp smör eller margarin, mjukat

50 g/2 oz/¼ kopp strösocker (superfint).

1 ägg, uppvispat

25 g/1 oz/2 msk rismjöl

50 g/2 oz/½ kopp torkad (strimlad) kokosnöt

1,5 ml/¼ tsk bakpulver

60 ml/4 msk chokladpålägg

Kavla ut degen (pasta) och använd för att klä delarna av en bullform (biffform). Rör ihop smör eller margarin och socker och vispa sedan i ägg och rismjöl. Rör ner kokos och bakpulver. Lägg en liten sked chokladpålägg i botten av varje konditoriform (pajskal). Häll kokosblandningen över toppen och grädda i en förvärmd ugn vid 200°C/400°F/gasmarkering 6 i 15 minuter tills den är genomstekt och gyllene.

Söta muffins

Gör 15

100 g/4 oz/½ kopp smör eller margarin, uppmjukat

225 g/8 oz/1 kopp strösocker (superfint).

2 ägg

5 ml/1 tsk vaniljessens (extrakt)

175 g/6 oz/1½ koppar självhöjande (självjäsande) mjöl

5 ml/1 tsk bakpulver

En nypa salt

75 ml/5 msk mjölk

Rör ihop smör eller margarin och socker tills det blir ljust och pösigt. Tillsätt gradvis äggen och vaniljessensen, vispa ordentligt efter varje tillsats. Vänd ner mjöl, bakpulver och salt växelvis med mjölken, vispa ordentligt. Häll upp blandningen i papperskakeformar (cupcakepapper) och grädda i en förvärmd ugn vid 190°C/375°F/gasmark 5 i 20 minuter tills ett spett som sticks in i mitten kommer ut rent.

Kaffeprickkakor

Gör 12

Till kakorna:

100 g/4 oz/½ kopp smör eller margarin, uppmjukat

100 g/4 oz/½ kopp strösocker (superfint).

2 ägg, lätt vispade

100 g/4 oz/1 kopp självhöjande (självjäsande) mjöl

10 ml/2 tsk kaffeessens (extrakt)

För glasyren (frosting):

50 g/2 oz/¼ kopp smör eller margarin, mjukat

100 g/4 oz/2/3 kopp florsocker (konditorer), siktat

Några droppar kaffeessens (extrakt)

100 g/4 oz/1 kopp chokladchips

För att göra kakorna, grädda ihop smör eller margarin och socker tills det blir ljust och fluffigt. Vispa gradvis i äggen och vänd sedan ner mjölet och kaffeessensen. Häll upp blandningen i papperskakformar (cupcakespapper) i en bullform (biffform) och grädda i en förvärmd ugn vid 180°C/350°F/gasmark 4 i 20 minuter tills den är väl jäst och fjädrande vid beröring. Låt svalna.

För att göra glasyren, vispa smöret eller margarinet tills det är mjukt, vispa sedan i florsockret och kaffeessensen. Fördela över kakornas toppar och dekorera med chokladbitarna.

Eccles kakor

Gör 16

50 g/2 oz/¼ kopp smör eller margarin

50 g/2 oz/¼ kopp mjukt farinsocker

225 g/8 oz/11/3 koppar vinbär

450 g/1 lb Smördeg eller flingdeg

Lite mjölk

45 ml/3 msk strösocker (superfint).

Smält smör eller margarin och farinsocker på låg värme, rör om väl. Ta av från värmen och rör ner vinbären. Låt svalna något. Kavla ut degen (pasta) på mjölad yta och skär i 16 cirklar. Dela fyllningsblandningen mellan cirklarna, vik sedan kanterna mot mitten, pensla med vatten för att täta kanterna. Vänd på kakorna och rulla dem lätt med en kavel för att platta till dem något. Skär tre skåror i toppen av varje, pensla med mjölk och strö över sockret. Lägg på en smord bakplåt och grädda i en förvärmd ugn vid 200°C/400°F/gasmark 6 i 20 minuter tills de är gyllene.

Fekakor

Blir ca 12

100 g/4 oz/½ kopp smör eller margarin, uppmjukat

100 g/4 oz/½ kopp strösocker (superfint).

2 ägg, lätt vispade

100 g/4 oz/1 kopp självhöjande (självjäsande) mjöl

En nypa salt

30 ml/2 tsk mjölk

Några droppar vaniljessens (extrakt)

Rör ihop smör eller margarin och socker tills det blir blekt och fluffigt. Blanda gradvis i äggen växelvis med mjölet och saltet, tillsätt sedan mjölken och vaniljessensen för att få en mjuk blandning. Häll upp i papperskakor (cupcakespapper) eller smorda bullformar (biffformar) och grädda i en förvärmd ugn vid 190°C/375°F/gasmark 5 i 15–20 minuter tills de är väl jäst och spänstiga vid beröring.

Fjäder-isade Fairy Cakes

Gör 12

50 g/2 oz/¼ kopp smör eller margarin, mjukat

50 g/2 oz/¼ kopp strösocker (superfint).

1 ägg

50 g/2 oz/½ kopp självhöjande (självjäsande) mjöl

100 g/4 oz/2/3 kopp florsocker (konditorer).

15 ml/1 msk varmt vatten

Några droppar matfärg

Rör ihop smör eller margarin och socker tills det blir blekt och fluffigt. Vispa gradvis i ägget och vänd sedan ner mjölet. Fördela blandningen mellan 12 papperskakformar (cupcakespapper) i bullformar (biffformar). Grädda i en förvärmd ugn vid 160°C/325°F/gasmarkering 3 i 15–20 minuter tills de har fått en fjädrande känsla. Låt svalna.

Blanda ihop florsockret och varmt vatten. Färga en tredjedel av glasyren (frosting) med matfärg som du väljer. Bred ut den vita glasyren över kakorna. Dra den färgade glasyren i linjer över kakan, rita sedan en knivspets i rät vinkel mot linjerna först åt ena hållet, sedan åt andra hållet, för att skapa ett vågigt mönster. Låt stelna.

Genuesiska fantasier

Gör 12

3 ägg, lätt vispade

75 g/3 oz/1/3 kopp strösocker (superfint).

75 g/3 oz/¾ kopp självhöjande (självjäsande) mjöl

Några droppar vaniljessens (extrakt)

25 g/1 oz/2 msk smör eller margarin, smält och kylt

60 ml/4 msk aprikossylt (konservera), siktad (silad)

60 ml/4 msk vatten

225 g/8 oz/11/3 koppar florsocker (konditorer), siktat

Några droppar rosa och blå matfärg (valfritt)

Tårtdekorationer

Lägg ägg och strösocker i en värmesäker skål över en kastrull med lätt sjudande vatten. Vispa tills blandningen spårar av vispen i band. Vänd ner mjölet och vaniljessensen och rör sedan ner smöret eller margarinet. Häll blandningen i en smord 30 x 20 cm/12 x 8 i Swiss Roll-form (gelérullform) och grädda i en förvärmd ugn vid 190°C/375°F/gasmark 5 i 30 minuter. Låt svalna och skär sedan i formar. Värm sylten med 30 ml/2 msk av vattnet och pensla över kakorna.

Sikta ner florsockret i en skål. Om du vill göra glasyren (frosting) i olika färger, dela den i separata skålar och gör en brunn i mitten av varje. Tillsätt gradvis några droppar färg och precis så mycket av det återstående vattnet för att blandas till en ganska styv glasyr. Bred ut över kakorna och dekorera som du vill.

Mandelmakron

Gör 16

Rispapper

100 g/4 oz/½ kopp strösocker (superfint).

50 g/2 oz/½ kopp mald mandel

5 ml/1 tsk malet ris

Några droppar mandelessens (extrakt)

1 äggvita

8 blancherade mandlar, halverade

Klä en bakplåt (kaka) med rispapper. Blanda ihop alla ingredienser, utom den blancherade mandeln, till en hård deg och vispa väl. Lägg skedar av blandningen på bakplåten och toppa var och en med en mandelhalva. Grädda i en förvärmd ugn vid 150°C/325°F/gasmarkering 3 i 25 minuter. Låt svalna på plåten, skär eller riv sedan runt var och en för att frigöra den från rispappersarket.

Kokosmakron

Gör 16

2 äggvitor

150 g/5 oz/2/3 kopp strösocker (superfint).

150 g/5 oz/1¼ koppar torkad (strimlad) kokosnöt

Rispapper

8 glacé (kanderade) körsbär, halverade

Vispa äggvitorna hårt. Vispa i sockret tills blandningen bildar styva toppar. Vänd ner kokosen. Lägg rispappret på ett bakplåtspapper och lägg skedar av blandningen på plåten. Lägg en körsbärshalva ovanpå varje. Grädda i en förvärmd ugn vid 160°C/325°F/gasmarkering 3 i 30 minuter tills den stelnar. Låt svalna på rispappret, klipp eller riv sedan runt var och en för att frigöra den från rispappersarket.

Limemakroner

Gör 12

100 g/4 oz mördeg

60 ml/4 msk limemarmelad

2 äggvitor

50 g/2 oz/¼ kopp strösocker (superfint).

25 g/1 oz/¼ kopp mald mandel

10 ml/2 tsk malet ris

5 ml/1 tsk apelsinblomvatten

Kavla ut degen (pasta) och använd för att klä delarna av en bullform (biffform). Lägg en liten sked marmelad i varje konditoriform (pajskal). Vispa äggvitorna hårt. Vispa i sockret tills det blir hårt och glansigt. Vänd ner mandel, ris och apelsinblomvatten. Sked i formarna, täck marmeladen helt. Grädda i en förvärmd ugn vid 180°C/350°F/gasmarkering 4 i 30 minuter tills de har fått en gyllenbrun färg.

Oaty Macaroons

Gör 24

175 g/6 oz/1½ koppar havregryn

175 g/6 oz/¾ kopp muscovadosocker

120 ml/4 fl oz/½ kopp olja

1 ägg

2,5 ml/½ tsk salt

2,5 ml/½ tsk mandelessens (extrakt)

Blanda samman havre, socker och olja och låt stå i 1 timme. Vispa i ägg, salt och mandelessens. Lägg skedar av blandningen på en smord bakplåt och grädda i en förvärmd ugn vid 160°C/325°F/gasmark 3 i 20 minuter tills den är gyllenbrun.

Madeleines

Gör 9

100 g/4 oz/½ kopp smör eller margarin, uppmjukat

100 g/4 oz/½ kopp strösocker (superfint).

2 ägg, lätt vispade

100 g/4 oz/1 kopp självhöjande (självjäsande) mjöl

175 g/6 oz/½ kopp jordgubbs- eller hallonsylt (konservera)

60 ml/4 msk vatten

50 g/2 oz/½ kopp torkad (strimlad) kokosnöt

5 glacé (kanderade) körsbär, halverade

Grädde smöret eller margarinet ljust och vispa sedan i sockret tills det blir ljust och pösigt. Vispa gradvis i äggen och vänd sedan ner mjölet. Häll upp i nio smorda dariole (slottpudding) formar och ställ dem på en bakplåt. Grädda i en förvärmd ugn på 190°C/375°F/gasmarkering 5 i 20 minuter tills de är väl jäst och gyllenbruna. Låt svalna i formarna i 5 minuter, vänd sedan upp på galler för att avsluta kylningen.

Putsa toppen av varje kaka till en platt botten. Sikta (sila) sylten och låt koka upp med vattnet i en liten kastrull, rör om tills det är väl blandat. Bred ut kokosen på en stor plåt med smörfast (vaxat) papper. Tryck in ett spett i botten på den första tårtan, pensla med syltglasyren och rulla sedan in kokosen tills den täcks. Lägg på ett serveringsfat. Upprepa med de återstående kakorna. Toppa med halverade glacékörsbär.

Marsipankakor

Blir ca 12

450 g/1 lb/4 koppar mald mandel

100 g/4 oz/2/3 kopp florsocker (konditorer), siktat

100 g/4 oz/½ kopp strösocker (superfint).

30 ml/2 msk vatten

3 äggvitor

För glasyren (frosting):

100 g/4 oz/2/3 kopp florsocker (konditorer), siktat

1 äggvita

2,5 ml/½ tsk vinäger

Blanda ihop alla kakans ingredienser i en kastrull och värm försiktigt under omrörning tills pastan har absorberat all vätska. Ta av från värmen och låt svalna. Kavla ut på en lätt mjölad yta till 1 cm/½ i tjocklek och skär i 3 cm/1½ i remsor. Skär i 5 cm/2 i längder, arrangera på en smord bakplåt och grädda i en förvärmd ugn vid 150°C/300°F/gasmark 2 i 20 minuter tills den är ljusbrun ovanpå. Låt svalna.

För att göra glasyren, rör gradvis ner äggvitan och vinägern i florsockret tills du har en slät, tjock glasyr. Ringla glasyren över kakorna.

Muffins

Gör 12

225 g/8 oz/2 koppar vanligt (all-purpose) mjöl

100 g/4 oz/½ kopp strösocker (superfint).

10 ml/2 tsk bakpulver

2,5 ml/½ tsk salt

1 ägg, lätt uppvispat

250 ml/8 fl oz/1 kopp mjölk

120 ml/4 fl oz/½ kopp olja

Blanda samman mjöl, socker, bakpulver och salt och gör en brunn i mitten. Blanda ihop resten av ingredienserna och blanda i de torra ingredienserna tills det precis blandas. Blanda inte för mycket.
Häll upp i muffinsformar (papper) eller smorda muffinsformar (pannor) och grädda i en förvärmd ugn vid 200°C/400°F/gasmark 6 i 20 minuter tills de är väl jäst och fjädrande vid beröring.

Äppelmuffins

Gör 12

225 g/8 oz/2 koppar vanligt (all-purpose) mjöl

100 g/4 oz/½ kopp strösocker (superfint).

10 ml/2 tsk bakpulver

2,5 ml/½ tsk salt

1 ägg, lätt uppvispat

250 ml/8 fl oz/1 kopp mjölk

120 ml/4 fl oz/½ kopp olja

2 äter (efterrätt) äpplen, skalade, urkärnade och hackade

Blanda samman mjöl, socker, bakpulver och salt och gör en brunn i mitten. Blanda ihop resten av ingredienserna och blanda i de torra ingredienserna tills det precis blandas. Blanda inte för mycket.

Häll upp i muffinsformar (papper) eller smorda muffinsformar (pannor) och grädda i en förvärmd ugn vid 200°C/400°F/gasmark 6 i 20 minuter tills de är väl jäst och fjädrande vid beröring.

Bananmuffins

Gör 12

225 g/8 oz/2 koppar vanligt (all-purpose) mjöl

100 g/4 oz/½ kopp strösocker (superfint).

10 ml/2 tsk bakpulver

2,5 ml/½ tsk salt

1 ägg, lätt uppvispat

250 ml/8 fl oz/1 kopp mjölk

120 ml/4 fl oz/½ kopp olja

2 bananer, mosade

Blanda samman mjöl, socker, bakpulver och salt och gör en brunn i mitten. Blanda ihop resten av ingredienserna och blanda i de torra ingredienserna tills det precis blandas. Blanda inte för mycket. Häll upp i muffinsformar (papper) eller smorda muffinsformar (pannor) och grädda i en förvärmd ugn vid 200°C/400°F/gasmark 6 i 20 minuter tills de är väl jäst och fjädrande vid beröring.

Svarta vinbärsmuffins

Gör 12

225 g/8 oz/2 koppar självhöjande (självjäsande) mjöl

75 g/3 oz/1/3 kopp strösocker (superfint).

2 äggvitor

75 g/3 oz svarta vinbär

200 ml/7 fl oz/lite 1 kopp mjölk

30 ml/2 msk olja

Blanda ihop mjöl och socker. Vispa äggvitorna lätt och blanda sedan ner i de torra ingredienserna. Rör ner svarta vinbär, mjölk och olja. Häll upp i smorda muffinsformar (formar) och grädda i en förvärmd ugn vid 200°C/400°F/gasmarkering 6 i 15–20 minuter tills de är gyllenbruna.

Amerikanska blåbärsmuffins

Gör 12

150 g/5 oz/1¼ koppar vanligt (all-purpose) mjöl

75 g/3 oz/¾ kopp majsmjöl

75 g/3 oz/1/3 kopp strösocker (superfint).

10 ml/2 tsk bakpulver

En nypa salt

1 ägg, lätt uppvispat

75 g/3 oz/1/3 kopp smör eller margarin, smält

250 ml/8 fl oz/1 kopp kärnmjölk

100 g/4 oz blåbär

Blanda samman mjöl, majsmjöl, socker, bakpulver och salt och gör en brunn i mitten. Tillsätt ägget, smöret eller margarinet och kärnmjölken och blanda ihop tills det precis blandas. Rör ner blåbären eller björnbären. Häll upp i muffinsformar (papper) och grädda i en förvärmd ugn vid 200°C/400°F/gasmark 6 i 20 minuter tills de är gyllenbruna och spänstiga vid beröring.

Körsbärsmuffins

Gör 12

225 g/8 oz/2 koppar vanligt (all-purpose) mjöl

100 g/4 oz/½ kopp strösocker (superfint).

100 g/4 oz/½ kopp glacé (kanderade) körsbär

10 ml/2 tsk bakpulver

2,5 ml/½ tsk salt

1 ägg, lätt uppvispat

250 ml/8 fl oz/1 kopp mjölk

120 ml/4 fl oz/½ kopp olja

Blanda samman mjöl, socker, körsbär, bakpulver och salt och gör en brunn i mitten. Blanda ihop resten av ingredienserna och blanda i de torra ingredienserna tills det precis blandas. Blanda inte för mycket. Häll upp i muffinsformar (papper) eller smorda muffinsformar (formar) och grädda i en förvärmd ugn vid 200°C/400°F/gasmark 6 i 20 minuter tills de är väl jäst och fjädrande vid beröring.

Chokladmuffins

Gör 10–12

175 g/6 oz/1½ koppar vanligt (all-purpose) mjöl

40 g/1½ oz/1/3 kopp kakao (osötad choklad) pulver

100 g/4 oz/½ kopp strösocker (superfint).

10 ml/2 tsk bakpulver

2,5 ml/½ tsk salt

1 stort ägg

250 ml/8 fl oz/1 kopp mjölk

2,5 ml/½ tsk vaniljessens (extrakt)

120 ml/4 fl oz/½ kopp solrosolja eller vegetabilisk olja

Blanda ihop de torra ingredienserna och gör en brunn i mitten. Blanda noggrant ihop ägget, mjölken, vaniljessensen och oljan. Rör snabbt ner vätskan i de torra ingredienserna tills de alla är inblandade. Blanda inte för mycket; blandningen ska vara klumpig. Häll upp i muffinsformar (papper) eller formar (formar) och grädda i en förvärmd ugn vid 200°C/400°F/gasmark 6 i cirka 20 minuter tills de är väl jäst och fjädrande vid beröring.

Muffin med chocklad

Gör 12

175 g/6 oz/1½ koppar vanligt (all-purpose) mjöl

100 g/4 oz/½ kopp strösocker (superfint).

45 ml/3 msk kakaopulver (osötad choklad).

100 g/4 oz/1 kopp chokladchips

10 ml/2 tsk bakpulver

2,5 ml/½ tsk salt

1 ägg, lätt uppvispat

250 ml/8 fl oz/1 kopp mjölk

120 ml/4 fl oz/½ kopp olja

2,5 ml/½ tsk vaniljessens (extrakt)

Blanda samman mjöl, socker, kakao, chokladchips, bakpulver och salt och gör en brunn i mitten. Blanda ihop resten av ingredienserna och blanda i de torra ingredienserna tills det precis blandas. Blanda inte för mycket. Häll upp i muffinsformar (papper) eller smorda muffinsformar (pannor) och grädda i en förvärmd ugn vid 200°C/400°F/gasmark 6 i 20 minuter tills de är väl jäst och fjädrande vid beröring.

Kanel muffins

Gör 12

225 g/8 oz/2 koppar vanligt (all-purpose) mjöl

100 g/4 oz/½ kopp strösocker (superfint).

10 ml/2 tsk bakpulver

5 ml/1 tsk mald kanel

2,5 ml/½ tsk salt

1 ägg, lätt uppvispat

250 ml/8 fl oz/1 kopp mjölk

120 ml/4 fl oz/½ kopp olja

Blanda samman mjöl, socker, bakpulver, kanel och salt och gör en brunn i mitten. Blanda ihop resten av ingredienserna och blanda i de torra ingredienserna tills det precis blandas. Blanda inte för mycket. Häll upp i muffinsformar (papper) eller smorda muffinsformar (formar) och grädda i en förvärmd ugn vid 200°C/400°F/gasmark 6 i 20 minuter tills de är väl jäst och fjädrande vid beröring.

Majsmjölsmuffins

Gör 12

50 g/2 oz/½ kopp vanligt (all-purpose) mjöl

100 g/4 oz/1 kopp majsmjöl

5 ml/1 tsk bakpulver

1 ägg, separerat

1 äggula

30 ml/2 msk majsolja

30 ml/2 msk mjölk

Blanda samman mjöl, majsmjöl och bakpulver. Vispa ihop äggulor, olja och mjölk och rör sedan ner i de torra ingredienserna. Vispa äggvitan hårt och vänd sedan ner den i blandningen. Häll upp i muffinsformar (papper) eller smorda muffinsformar (pannor) och grädda i en förvärmd ugn vid 200°C/400°F/gasmark 6 i cirka 20 minuter tills de är gyllene.

Fikonmuffins av fullkorn

Gör 10

100 g/4 oz/1 kopp fullkornsmjöl (helvete).

5 ml/1 tsk bakpulver

50 g/2 oz/½ kopp havregryn

50 g/2 oz/1/3 kopp torkade fikon, hackade

45 ml/3 msk olja

75 ml/5 msk mjölk

15 ml/1 msk svart sirap (melass)

1 ägg, lätt uppvispat

Blanda samman mjöl, bakpulver och havre och rör sedan ner fikonen. Värm oljan, mjölken och sirapen tills det blandas, rör sedan ner de torra ingredienserna med ägget och blanda till en fast deg. Lägg skedar av blandningen i muffinsformar (papper) eller smorda muffinsformar (formar) och grädda i en förvärmd ugn vid 190°C/375°F/gasmark 5 i cirka 20 minuter tills de är gyllenbruna.

Frukt- och klimuffins

Gör 8

100 g/4 oz/1 kopp All Bran spannmål

50 g/2 oz/½ kopp vanligt (all-purpose) mjöl

2,5 ml/½ tsk bakpulver

5 ml/1 tsk bikarbonatsoda (bakpulver)

5 ml/1 tsk mald blandad (äppelpaj) krydda

50 g/2 oz/1/3 kopp russin

100 g/4 oz/1 kopp äppelmos (sås)

5 ml/1 tsk vaniljessens (extrakt)

30 ml/2 msk mjölk

Blanda ihop de torra ingredienserna och gör en brunn i mitten. Rör ner russin, äppelmos och vaniljsaft och tillräckligt med mjölk för att få en mjuk blandning. Häll upp i muffinsformar (papper) eller smorda muffinsformar (pannor) och grädda i en förvärmd ugn vid 200°C/400°F/gasmark 6 i 20 minuter tills de är väl jäst och gyllenbruna.

Havre muffins

Gör 20

100 g/4 oz/1 kopp havregryn

100 g/4 oz/1 kopp havremjöl

225 g/8 oz/2 koppar fullkornsmjöl (helvete).

10 ml/2 tsk bakpulver

50 g/2 oz/1/3 kopp russin (valfritt)

375 ml/13 fl oz/1½ koppar mjölk

10 ml/2 tsk olja

2 äggvitor

Blanda ihop havregryn, mjöl och bakpulver och rör ner russinen om du använder. Rör ner mjölken och oljan. Vispa äggvitorna stela och vänd sedan ner dem i blandningen. Häll upp i muffinsformar (papper) eller smorda muffinsformar (formar) och grädda i en förvärmd ugn vid 190°C/375°F/gasmark 5 i cirka 25 minuter tills de är gyllene.

Havregrynsfruktmuffins

Gör 10

100 g/4 oz/1 kopp fullkornsmjöl (helvete).

100 g/4 oz/1 kopp havregryn

15 ml/1 msk bakpulver

100 g/4 oz/2/3 kopp sultanas (gyllene russin)

50 g/2 oz/½ kopp hackade blandade nötter

1 ätande (efterrätt) äpple, skalat, urkärnat och rivet

45 ml/3 msk olja

30 ml/2 msk klar honung

15 ml/1 msk svart sirap (melass)

1 ägg, lätt uppvispat

90 ml/6 msk mjölk

Blanda ihop mjöl, havregryn och bakpulver. Rör ner sultanerna, nötterna och äpplet. Värm oljan, honungen och sirapen tills de har smält, rör sedan ner i blandningen med ägget och tillräckligt med mjölk för att få en mjuk droppande konsistens. Häll upp i muffinsformar (papper) eller smorda muffinsformar (formar) och grädda i en förvärmd ugn vid 190°C/375°F/gasmark 5 i cirka 25 minuter tills de är gyllene.

Orange muffins

Gör 12

100 g/4 oz/1 kopp självhöjande (självjäsande) mjöl

100 g/4 oz/½ kopp mjukt farinsocker

1 ägg, lätt uppvispat

120 ml/4 fl oz/½ kopp apelsinjuice

60 ml/4 msk olja

2,5 ml/½ tsk vaniljessens (extrakt)

25 g/1 oz/2 msk smör eller margarin

30 ml/2 msk vanligt (all-purpose) mjöl

2,5 ml/½ tsk mald kanel

Blanda ihop det självjäsande mjölet och hälften av sockret i en skål. Blanda ihop ägget, apelsinjuicen, oljan och vaniljessensen och rör sedan ner i de torra ingredienserna tills det precis blandas. Blanda inte för mycket. Häll upp i muffinsformar (papper) eller smorda muffinsformar (pannor) och grädda i en förvärmd ugn vid 200°C/400°F/gasmark 6 i 10 minuter.

Gnid under tiden in smöret eller margarinet till toppingen i det vanliga mjölet och blanda sedan i det återstående sockret och kanelen. Strö över muffinsen och sätt tillbaka dem i ugnen i ytterligare 5 minuter tills de är gyllenbruna.

Peachy muffins

Gör 12

225 g/8 oz/2 koppar vanligt (all-purpose) mjöl

100 g/4 oz/½ kopp strösocker (superfint).

10 ml/2 tsk bakpulver

2,5 ml/½ tsk salt

1 ägg, lätt uppvispat

175 ml/6 fl oz/¾ kopp mjölk

120 ml/4 fl oz/½ kopp olja

200 g/7 oz/1 liten burk persikor, avrunna och hackade

Blanda samman mjöl, socker, bakpulver och salt och gör en brunn i mitten. Blanda ihop resten av ingredienserna och blanda i de torra ingredienserna tills det precis blandas. Blanda inte för mycket.
Häll upp i muffinsformar (papper) eller smorda muffinsformar (pannor) och grädda i en förvärmd ugn vid 200°C/400°F/gasmark 6 i 20 minuter tills de är väl jäst och fjädrande vid beröring.

Jordnötssmörsmuffins

Gör 12

225 g/8 oz/2 koppar vanligt (all-purpose) mjöl

100 g/4 oz/½ kopp mjukt farinsocker

10 ml/2 tsk bakpulver

2,5 ml/½ tsk salt

1 ägg, lätt uppvispat

250 ml/8 fl oz/1 kopp mjölk

120 ml/4 fl oz/½ kopp olja

45 ml/3 msk jordnötssmör

Blanda samman mjöl, socker, bakpulver och salt och gör en brunn i mitten. Blanda ihop resten av ingredienserna och blanda i de torra ingredienserna tills det precis blandas. Blanda inte för mycket. Häll upp i muffinsformar (papper) eller smorda muffinsformar (pannor) och grädda i en förvärmd ugn vid 200°C/400°F/gasmark 6 i 20 minuter tills de är väl jäst och fjädrande vid beröring.

Ananas muffins

Gör 12

225 g/8 oz/2 koppar vanligt (all-purpose) mjöl

100 g/4 oz/½ kopp mjukt farinsocker

10 ml/2 tsk bakpulver

2,5 ml/½ tsk salt

1 ägg, lätt uppvispat

175 ml/6 fl oz/¾ kopp mjölk

120 ml/4 fl oz/½ kopp olja

200 g/7 oz/1 liten burk ananas, avrunnen och hackad

30 ml/2 msk demerara socker

Blanda samman mjöl, mjukt farinsocker, bakpulver och salt och gör en brunn i mitten. Blanda ihop alla resterande ingredienser utom demerarasockret och blanda i de torra ingredienserna tills det precis blandas. Blanda inte för mycket. Häll upp i muffinsformar (papper) eller smorda muffinsformar (pannor) och strö över demerarasockret. Grädda i en förvärmd ugn vid 200°C/400°F/gasmarkering 6 i 20 minuter tills den är väl jäst och fjädrande vid beröring.

Hallonmuffins

Gör 12

225 g/8 oz/2 koppar vanligt (all-purpose) mjöl

100 g/4 oz/½ kopp strösocker (superfint).

10 ml/2 tsk bakpulver

2,5 ml/½ tsk salt

200 g/7 oz hallon

1 ägg, lätt uppvispat

250 ml/8 fl oz/1 kopp mjölk

120 ml/4 fl oz/½ kopp vegetabilisk olja

Blanda samman mjöl, socker, bakpulver och salt. Rör ner hallonen och gör en brunn i mitten. Blanda ihop ägg, mjölk och olja och häll i de torra ingredienserna. Rör försiktigt tills alla torra ingredienser är blandade men blandningen fortfarande är klumpig. Överdriv inte. Häll blandningen i muffinsformar (papper) eller smorda muffinsformar (pannor) och grädda i en förvärmd ugn vid 200°C/400°F/gasmark 6 i 20 minuter tills den har fått en väl jäst och fjädrande touch.

Hallon och citronmuffins

Gör 12

175 g/6 oz/1½ koppar vanligt (all-purpose) mjöl

50 g/2 oz/¼ kopp strösocker

50 g/2 oz/¼ kopp mjukt farinsocker

10 ml/2 tsk bakpulver

5 ml/1 tsk mald kanel

En nypa salt

1 ägg, lätt uppvispat

100 g/4 oz/½ kopp smör eller margarin, smält

120 ml/½ kopp mjölk

100 g/4 oz färska hallon

10 ml/2 tsk rivet citronskal

Till toppingen:
75 g/3 oz/½ kopp florsocker (konditor), siktad

15 ml/1 msk citronsaft

Blanda samman mjöl, strösocker, farinsocker, bakpulver, kanel och salt i en skål och gör en brunn i mitten. Tillsätt ägget, smöret eller margarinet och mjölken och blanda tills ingredienserna precis blandas. Rör ner hallon och citronskal. Häll upp i muffinsformar (papper) eller smorda muffinsformar (pannor) och grädda i en förvärmd ugn vid 180°C/350°F/gasmark 4 i 20 minuter tills de är gyllenbruna och spänstiga vid beröring. Blanda ihop florsocker och citronsaft till toppingen och ringla över de varma muffinsen.

Sultana muffins

Gör 12

225 g/8 oz/2 koppar vanligt (all-purpose) mjöl

100 g/4 oz/½ kopp strösocker (superfint).

100 g/4 oz/2/3 kopp sultanas (gyllene russin)

10 ml/2 tsk bakpulver

5 ml/1 tsk mald blandad (äppelpaj) krydda

2,5 ml/½ tsk salt

1 ägg, lätt uppvispat

250 ml/8 fl oz/1 kopp mjölk

120 ml/4 fl oz/½ kopp olja

Blanda samman mjöl, socker, sultan, bakpulver, blandad krydda och salt och gör en brunn i mitten. Blanda i resten av ingredienserna tills det precis är blandat. Häll upp i muffinsformar (papper) eller smorda muffinsformar (pannor) och grädda i en förvärmd ugn vid 200°C/400°F/gasmark 6 i 20 minuter tills de är väl jäst och fjädrande vid beröring.

Sirap Muffins

Gör 12

225 g/8 oz/2 koppar vanligt (all-purpose) mjöl

100 g/4 oz/½ kopp mjukt farinsocker

10 ml/2 tsk bakpulver

2,5 ml/½ tsk salt

1 ägg, lätt uppvispat

175 ml/6 fl oz/¾ kopp mjölk

60 ml/4 msk svart sirap (melass)

120 ml/4 fl oz/½ kopp olja

Blanda samman mjöl, socker, bakpulver och salt och gör en brunn i mitten. Blanda i resten av ingredienserna tills det precis är blandat. Blanda inte för mycket. Häll upp i muffinsformar (papper) eller smorda muffinsformar (formar) och grädda i en förvärmd ugn vid 200°C/400°F/gasmark 6 i 20 minuter tills de är väl jäst och fjädrande vid beröring.

Sirap och havre muffins

Gör 10

100 g/4 oz/1 kopp vanligt (all-purpose) mjöl

175 g/6 oz/1½ koppar havregryn

100 g/4 oz/½ kopp mjukt farinsocker

15 ml/1 msk bakpulver

5 ml/1 tsk mald kanel

2,5 ml/½ tsk salt

1 ägg, lätt uppvispat

120 ml/½ kopp mjölk

60 ml/4 msk svart sirap (melass)

75 ml/5 msk olja

Blanda samman mjöl, havre, socker, bakpulver, kanel och salt och gör en brunn i mitten. Blanda ihop de återstående ingredienserna och blanda sedan i de torra ingredienserna tills det precis blandas. Blanda inte för mycket. Häll upp i muffinsformar (papper) eller smorda muffinsformar (pannor) och grädda i en förvärmd ugn vid 200°C/400°F/gasmark 6 i 15 minuter tills de är väl jäst och fjädrande vid beröring.

Oat Toasties

Gör 8

225 g/8 oz/2 koppar havregryn

100 g/4 oz/1 kopp fullkornsmjöl (helvete).

5 ml/1 tsk salt

5 ml/1 tsk bakpulver

50 g/2 oz/¼ kopp ister (förkortning)

30 ml/2 msk kallt vatten

Blanda ihop de torra ingredienserna och gnid sedan in ister tills blandningen liknar ströbröd. Rör i tillräckligt med vatten för att göra en fast deg. Kavla ut på en lätt mjölad yta till 18 cm/7 i cirkel och skär i åtta klyftor. Lägg på en smord bakplåt och grädda i en förvärmd ugn vid 180°C/350°F/gasmärke 4 i 25 minuter. Servera med smör, sylt eller marmelad.

Jordgubbssvampomeletter

Gör 18

5 äggulor

75 g/3 oz/1/3 kopp strösocker (superfint).

En nypa salt

Rivet skal av ½ citron

4 äggvitor

40 g/1½ oz/1/3 kopp majsmjöl (majsstärkelse)

40 g/1½ oz/1/3 kopp vanligt (all-purpose) mjöl

40 g/1½ oz/3 msk smör eller margarin, smält

300 ml/½ pt/1¼ koppar vispgrädde

225 g/8 oz jordgubbar

Florsocker, siktat, för att pudra

Vispa äggulorna med 25 g/1 oz/2 msk strösocker tills det blir blekt och tjockt, vispa sedan i salt och citronskal. Vispa äggvitorna tills de blir styva, tillsätt sedan resterande strösocker och fortsätt att vispa tills de blir styva och glansiga. Vänd ner i äggulorna och vänd sedan ner majsmjöl och mjöl. Rör ner det smälta smöret eller margarinet. Överför blandningen till en spritspåse med ett 1 cm/½ i vanligt munstycke (spets) och sprid i 15 cm/6 i cirklar på en smord och fodrad bakplåt (kaka). Grädda i en förvärmd ugn vid 220°C/425°F/gasmarkering 7 i 10 minuter tills den precis fått färg men inte fått färg. Låt svalna.

Vispa grädden stel. Sprid ett tunt lager över hälften av varje cirkel, arrangera jordgubbarna ovanpå och avsluta sedan med mer grädde. Vik den övre halvan av 'omeletterna' över toppen. Pudra över florsocker och servera.

Pepparmyntskakor

Gör 12

100 g/4 oz/½ kopp smör eller margarin, uppmjukat

100 g/4 oz/½ kopp strösocker (superfint).

2 ägg, lätt vispade

75 g/3 oz/¾ kopp självhöjande (självjäsande) mjöl

10 ml/2 tsk kakaopulver (osötad choklad).

En nypa salt

225 g/8 oz/11/3 koppar florsocker (konditorer), siktat

30 ml/2 msk vatten

Några droppar grön matfärg

Några droppar pepparmintessens (extrakt)

Chokladmynta, halverad, till dekoration

Vispa ihop smöret eller margarinet och sockret tills det blir ljust och fluffigt och vispa sedan i äggen gradvis. Vänd ner mjöl, kakao och salt. Häll upp i smorda bullformar (biffformar) och grädda i en förvärmd ugn vid 200°C/400°F/gasmark 6 i 10 minuter tills de är spänstiga vid beröring. Låt svalna.

Sikta florsockret i en skål och blanda i 15 ml/1 msk av vattnet, tillsätt sedan matfärgen och pepparmintessensen efter smak. Tillsätt mer vatten om det behövs för att ge en konsistens som täcker baksidan av en sked. Bred glasyren ovanpå kakorna och dekorera med chokladmynta.

Russinkakor

Gör 12

175 g/6 oz/1 kopp russin

250 ml/8 fl oz/1 kopp vatten

5 ml/1 tsk bikarbonatsoda (bakpulver)

100 g/4 oz/½ kopp smör eller margarin, uppmjukat

100 g/4 oz/½ kopp mjukt farinsocker

1 ägg, uppvispat

5 ml/1 tsk vaniljessens (extrakt)

200 g/7 oz/1¾ koppar vanligt (all-purpose) mjöl

5 ml/1 tsk bakpulver

En nypa salt

Koka upp russin, vatten och bikarbonat i en kastrull och låt sjuda försiktigt i 3 minuter. Låt svalna tills det är ljummet. Rör ihop smör eller margarin och socker tills det blir blekt och fluffigt. Rör gradvis ner ägget och vaniljessensen. Rör ner i russinblandningen och blanda sedan i mjöl, bakpulver och salt. Häll blandningen i muffinsformar (papper) eller smorda muffinsformar (formar) och grädda i en förvärmd ugn vid 180°C/350°F/gasmark 4 i 12–15 minuter tills den har fått en genomstekt och gyllenbrun färg.

Russin lockar

Gör 24

225 g/8 oz/2 koppar vanligt (all-purpose) mjöl

En nypa mald blandad (äppelpaj) krydda

5 ml/1 tsk bikarbonatsoda (bakpulver)

225 g/8 oz/1 kopp strösocker (superfint).

45 ml/3 msk mald mandel

225 g/8 oz/1 kopp smör eller margarin, smält

45 ml/3 msk russin

1 ägg, lätt uppvispat

Blanda ihop de torra ingredienserna, rör sedan ner det smälta smöret eller margarinet, följt av russin och ägg. Blanda väl till en hård deg. Kavla ut på en lätt mjölad yta till ca 5 mm/¼ tjocklek och skär i remsor 5 mm x 20 cm/ ¼ x 8 tum. Fukta ovansidan lätt med lite vatten och rulla sedan ihop varje remsa från kortändan. Lägg på en smord bakplåt och grädda i en förvärmd ugn vid 200°C/400°F/gasmark 6 i 15 minuter tills de är gyllene.

Hallonbullar

Blir 12 bullar

225 g/8 oz/2 koppar vanligt (all-purpose) mjöl

7,5 ml/½ msk bakpulver

2,5 ml/½ tsk mald blandad (äppelpaj) krydda

En nypa salt

75 g/3 oz/1/3 kopp smör eller margarin

75 g/3 oz/1/3 kopp strösocker (superfint) plus extra för strö

1 ägg

60 ml/4 msk mjölk

60 ml/4 msk hallonsylt (konservera)

Blanda samman mjöl, bakpulver, krydda och salt och gnid sedan in smöret eller margarinet tills blandningen liknar ströbröd. Rör ner sockret. Blanda i ägget och tillräckligt med mjölk för att göra en hård deg. Dela i 12 bollar och lägg på en smord bakplåt. Gör ett hål med ett finger i mitten av varje och ös i lite hallonsylt. Pensla med mjölk och strö över strösocker. Grädda i en förvärmd ugn vid 220°C/425°F/gasmark 7 i 10–15 minuter tills de är gyllene. Toppa eventuellt med lite mer sylt.

Brunt ris och solroskakor

Gör 12

75 g/3 oz/¾ kopp kokt brunt ris

50 g/2 oz/½ kopp solrosfrön

25 g/1 oz/¼ kopp sesamfrön

40 g/1½ oz/¼ kopp russin

40 g/1½ oz/¼ kopp glacé (kanderade) körsbär, i fjärdedelar

25 g/1 oz/2 msk mjukt farinsocker

15 ml/1 msk klar honung

75 g/3 oz/1/3 kopp smör eller margarin

5 ml/1 tsk citronsaft

Blanda ihop ris, frön och frukt. Smält samman socker, honung, smör eller margarin och citronsaft och rör ner i risblandningen. Häll upp i 12 kakformar (cupcakepapper) och grädda i en förvärmd ugn vid 200°C/400°F/gasmark 6 i 15 minuter.

Stenkakor

Gör 12

225 g/8 oz/2 koppar vanligt (all-purpose) mjöl

En nypa salt

10 ml/2 tsk bakpulver

50 g/2 oz/¼ kopp smör eller margarin

50 g/2 oz/¼ kopp ister (förkortning)

100 g/4 oz/2/3 kopp torkad blandad frukt (fruktkakamix)

100 g/4 oz/½ kopp demerara socker

Rivet skal av ½ citron

1 ägg

15–30 ml/1–2 msk mjölk

Blanda samman mjöl, salt och bakpulver och gnid sedan in smöret eller margarinet och ister tills blandningen liknar ströbröd. Rör ner frukt, socker och citronskal. Vispa ägget med 15 ml/1 msk av mjölken, tillsätt de torra ingredienserna och blanda till en hård deg, tillsätt extra mjölk om det behövs. Lägg små högar av blandningen på en smord bakplåt och grädda i en förvärmd ugn vid 200°C/400°F/gasmark 6 i 15–20 minuter tills den är gyllenbrun.

Sockerfria stenkakor

Gör 12

75 g/3 oz/1/3 kopp smör eller margarin

175 g/6 oz/1¼ koppar fullkornsmjöl (helvete)

50 g/2 oz/½ kopp havremjöl

10 ml/2 tsk bakpulver

5 ml/1 tsk mald kanel

100 g/4 oz/2/3 kopp sultanas (gyllene russin)

Rivet skal av 1 citron

1 ägg, lätt uppvispat

90 ml/6 msk mjölk

Gnid in smöret eller margarinet i mjöl, bakpulver och kanel tills blandningen liknar ströbröd. Rör ner sultanerna och citronskalet. Tillsätt ägget och tillräckligt med mjölk för att göra en mjuk blandning. Lägg skedar på en smord bakplåt och grädda i en förvärmd ugn vid 200°C/400°F/gasmark 6 i 15–20 minuter tills de är gyllene.

Saffranskakor

Gör 12

En nypa malet saffran

75 ml/5 msk kokande vatten

75 ml/5 msk kallt vatten

100 g/4 oz/½ kopp smör eller margarin, uppmjukat

225 g/8 oz/1 kopp strösocker (superfint).

2 ägg, lätt vispade

225 g/8 oz/2 koppar vanligt (all-purpose) mjöl

10 ml/2 tsk bakpulver

2,5 ml/½ tsk salt

175 g/6 oz/1 kopp sultanor (gyllene russin)

175 g/6 oz/1 kopp hackat blandat (kanderat) skal

Blötlägg saffran i det kokande vattnet i 30 minuter, tillsätt sedan det kalla vattnet. Vispa ihop smöret eller margarinet och sockret tills det blir ljust och fluffigt och vispa sedan i äggen gradvis. Blanda mjölet med bakpulvret och saltet och blanda sedan 50 g/2 oz/½ kopp av mjölblandningen med sultanerna och det blandade skalet. Rör ner mjölet i den krämade blandningen växelvis med saffransvattnet och vänd sedan ner frukten. Häll upp i muffinsformar (papper) eller smorda och mjölade muffinsformar (formar) och grädda i en förvärmd ugn vid 190°C/375°F/gasmark 5 i cirka 15 minuter tills de är spänstiga vid beröring.

Rom Babas

Gör 8

100 g/4 oz/1 kopp starkt vanligt (bröd) mjöl

5 ml/1 tsk lättblandad torkad jäst

En nypa salt

45 ml/3 msk varm mjölk

2 ägg, lätt vispade

50 g/2 oz/¼ kopp smör eller margarin, smält

25 g/1 oz/3 msk vinbär

Till sirapen:

250 ml/8 fl oz/1 kopp vatten

75 g/3 oz/1/3 kopp strösocker

20 ml/4 tsk citronsaft

60 ml/4 msk rom

För glasyr och dekoration:

60 ml/4 msk aprikossylt (konservera), siktad (silad)

15 ml/1 msk vatten

150 ml/¼ pt/2/3 kopp vispning eller dubbel (tung) grädde

4 glacé (kanderade) körsbär, halverade

Några remsor av angelica, skurna i trianglar

Rör ihop mjöl, jäst och salt i en skål och gör en brunn i mitten. Blanda ihop mjölk, ägg och smör eller margarin och vispa sedan ner i mjölet till en slät smet. Rör ner vinbären. Häll smeten i åtta smorda och mjölade enskilda ringformar (rörformar) så att den kommer bara en tredjedel upp i formarna. Täck med oljad hushållsfilm (plastfolie) och låt stå på en varm plats i 30 minuter tills smeten har stigit till toppen av formarna. Grädda i en förvärmd ugn vid 200°C/400°F/gasmarkering 6 i 15 minuter tills de är gyllenbruna. Vänd formarna upp och ner och låt svalna i 10 minuter, ta sedan ut kakorna ur formarna och lägg i en stor grund form. Nagga dem överallt med en gaffel.

För att göra sirapen, värm upp vatten, socker och citronsaft på låg värme, rör om tills sockret har löst sig. Höj värmen och låt koka upp. Ta av från värmen och rör ner romen. Häll den varma sirapen över kakorna och låt dra i 40 minuter.

Värm sylt och vatten på låg värme tills det är väl blandat. Pensla över babasna och lägg upp på ett serveringsfat. Vispa grädden och rör i mitten av varje kaka. Dekorera med körsbär och angelica.

Svampbollskakor

Gör 24

5 äggulor

75 g/3 oz/1/3 kopp strösocker (superfint).

7 äggvitor

75 g/3 oz/¾ kopp majsmjöl (majsstärkelse)

50 g/2 oz/½ kopp vanligt (all-purpose) mjöl

Vispa äggulorna med 15 ml/1 msk av sockret tills det blir blekt och tjockt. Vispa äggvitorna hårda och vispa sedan i resten av sockret tills det blir tjockt och glansigt. Vänd ner majsmjölet med en metallsked. Vik hälften av äggulorna i vitorna med en metallsked och vänd sedan ner de återstående gulorna. Vänd ner mjölet mycket försiktigt. Överför blandningen till en spritspåse med ett vanligt 2,5 cm/1 i munstycke (spets) och sprid till runda kakor, väl åtskilda, på en smord och fodrad bakplåt (kaka). Grädda i en förvärmd ugn vid 200°C/400°F/gasmarkering 6 i 5 minuter, sänk sedan ugnstemperaturen till 180°C/350°F/gasmarkering 4 i ytterligare 10 minuter tills den är gyllenbrun och spänstig till Rör.

Choklad sockerkakor

Gör 12

5 äggulor

75 g/3 oz/1/3 kopp strösocker (superfint).

7 äggvitor

75 g/3 oz/¾ kopp majsmjöl (majsstärkelse)

50 g/2 oz/½ kopp vanligt (all-purpose) mjöl

60 ml/4 msk aprikossylt (konservera), siktad (silad)

30 ml/2 msk vatten

1 kvantitet kokt chokladglasyr

150 ml/¼ pt/2/3 kopp vispgrädde

Vispa äggulorna med 15 ml/1 msk av sockret tills det blir blekt och tjockt. Vispa äggvitorna hårda och vispa sedan i resten av sockret tills det blir tjockt och glansigt. Vänd ner majsmjölet med en metallsked. Vik hälften av äggulorna i vitorna med en metallsked och vänd sedan ner de återstående gulorna. Vänd ner mjölet mycket försiktigt. Överför blandningen till en spritspåse med ett vanligt 2,5 cm/1 i munstycke (spets) och sprid till runda kakor, väl åtskilda, på en smord och fodrad bakplåt (kaka). Grädda i en förvärmd ugn vid 200°C/400°F/gasmarkering 6 i 5 minuter, sänk sedan ugnstemperaturen till 180°C/350°F/gasmarkering 4 i ytterligare 10 minuter tills den är gyllenbrun och spänstig till Rör. Överför till ett galler.

Koka sylten och vattnet tills det är tjockt och väl blandat, pensla sedan över kakornas toppar. Låt svalna. Doppa svamparna i chokladglasyren och låt svalna. Vispa grädden tills den blir styv, sedan smörgås parvis av kakor tillsammans med grädden.

Sommar snöbollar

Gör 24

100 g/4 oz/½ kopp smör eller margarin, uppmjukat

100 g/4 oz/½ kopp strösocker (superfint).

5 ml/1 tsk vaniljessens (extrakt)

2 ägg, lätt vispade

225 g/8 oz/2 koppar självhöjande (självjäsande) mjöl

120 ml/½ kopp mjölk

120 ml/4 fl oz/½ kopp dubbel (tung) grädde

25 g/1 oz/3 msk florsocker (konditor), siktad

60 ml/4 msk aprikossylt (konservera), siktad (silad)

30 ml/2 msk vatten

150 g/5 oz/1¼ koppar torkad (strimlad) kokosnöt

Rör ihop smör eller mar-garin och socker tills det blir ljust och pösigt. Vispa gradvis in vaniljessens och ägg och vänd sedan ner mjölet växelvis med mjölken. Häll blandningen i smorda muffinsformar (formar) och grädda i en förvärmd ugn vid 180°C/350°F/gasmark 4 i 15 minuter tills den är väl jäst och fjädrande vid beröring. Överför till ett galler för att svalna. Skiva topparna av muffinsen.

Vispa grädden och florsockret till hårt skum, häll sedan lite på toppen av varje muffins och sätt tillbaka locket. Värm sylten med vattnet tills den blandas, pensla sedan över toppen av muffinsen och strö över rejält med kokos.

Svamp droppar

Gör 12

3 ägg, vispade

100 g/4 oz/½ kopp strösocker (superfint).

2,5 ml/½ tsk vaniljessens (extrakt)

100 g/4 oz/1 kopp vanligt (all-purpose) mjöl

5 ml/1 tsk bakpulver

100 g/4 oz/1/3 kopp hallonsylt (konservera)

150 ml/¼ pt/2/3 kopp dubbel (tung) grädde, vispad

Florsocker, siktat, för att pudra

Lägg ägg, strösocker och vaniljessens i en värmesäker skål över en kastrull med sjudande vatten och vispa tills blandningen tjocknar. Ta bort skålen från pannan och rör ner mjöl och bakpulver. Lägg små skedar av blandningen på en smord bakplåt och grädda i en förvärmd ugn vid 190°C/375°F/gasmark 5 i 10 minuter tills de är gyllene. Lägg över till ett galler och låt svalna. Smörgå ihop dropparna med sylt och grädde och strö över florsocker till servering.

Grundläggande maränger

Gör 6–8

2 äggvitor

100 g/4 oz/½ kopp strösocker (superfint).

Vispa äggvitorna i en ren, fettfri skål tills de börjar bilda mjuka toppar. Tillsätt hälften av sockret och fortsätt att vispa tills blandningen står i hårda toppar. Vänd ner det återstående sockret lätt med en metallsked. Klä en bakplåt med bakplåtspapper och lägg 6–8 högar maräng på plåten. Torka marängerna på lägsta möjliga inställning i ugnen i 2–3 timmar. Kyl på galler.

Mandelmaränger

Gör 12

2 äggvitor

100 g/4 oz/½ strösocker (superfint).

100 g/4 oz/1 kopp mald mandel

Några droppar mandelessens (extrakt)

12 mandelhalvor att dekorera

Vispa äggvitorna hårt. Tillsätt hälften av sockret och fortsätt att vispa tills blandningen bildar styva toppar. Vänd ner resterande socker, mald mandel och mandelessens. Skeda upp blandningen i 12 rundlar på en smord och fodrad bakplåt och lägg en mandelhalva ovanpå varje. Grädda i en förvärmd ugn vid 130°C/250°F/gasmark ½ i 2–3 timmar tills de är knapriga.

Spanska mandelmarängkex

Gör 16

225 g/8 oz/1 kopp strösocker

225 g/8 oz/2 koppar mald mandel

1 äggvita

100 g/4 oz/1 kopp hela mandlar

Vispa socker, mald mandel och äggvita till en smidig deg. Forma till en boll och platta ut degen med en kavel. Skär i små rundlar och lägg på en smord ugnsplåt. Tryck ut en hel mandel i mitten av varje kex (kaka). Grädda i en förvärmd ugn vid 160°C/325°F/gasmarkering 3 i 15 minuter.

Söta marängkorgar

Gör 6

4 äggvitor

225–250 g/8–9 oz/11/3–1½ koppar florsocker (konditor), siktad

Några droppar vaniljessens (extrakt)

Vispa äggvitorna i en ren, smörjfri, värmesäker skål tills den blir skum, vispa sedan gradvis i florsockret följt av vaniljessensen. Ställ skålen över en kastrull med lätt sjudande vatten och vispa tills marängen håller formen och lämnar ett tjockt spår när visp lyfts ur. Klä en bakplåt (kaka) med bakplåtspapper och rita sex stycken 7,5 cm/3 i cirklar på pappret. Använd hälften av marängblandningen och häll ett lager maräng inuti varje cirkel. Lägg resten i en spritspåse och rör två lager maräng runt kanten på varje bas. Torka i en förvärmd ugn vid 150°C/300°F/gasmarkering 2 i ca 45 minuter.

Mandelchips

Gör 10

2 äggvitor

100 g/4 oz/½ kopp strösocker (superfint).

75 g/3 oz/¾ kopp mald mandel

25 g/1 oz/2 msk smör eller margarin, uppmjukat

50 g/2 oz/1/3 kopp florsocker (konditorer), siktat

10 ml/2 tsk kakaopulver (osötad choklad).

50 g/2 oz/½ kopp vanlig (halvsöt) choklad, smält

Vispa äggvitorna tills de bildar styva toppar. Vispa i strösockret lite i taget. Vänd ner den malda mandeln. Använd ett 1 cm/½ i munstycke (spets), sprid blandningen i 5 cm/2 i längder på en lätt oljad bakplåt. Grädda i en förvärmd ugn vid 140°C/275°F/gasmark 1 i 1–1½ timme. Låt svalna.

Rör ihop smör eller mar-garin, florsocker och kakao. Smörgås par kex (kakor) tillsammans med fyllningen. Smält chokladen i en värmesäker skål över en kastrull med lätt sjudande vatten. Doppa ändarna av marängerna i chokladen och låt svalna på galler.

Spanska mandel- och citronmaränger

Gör 30

150 g/5 oz/1¼ koppar blancherad mandel

2 äggvitor

Rivet skal av ½ citron

200 g/7 oz/lite 1 kopp strösocker (superfint).

10 ml/2 tsk citronsaft

Rosta mandlarna i en förvärmd ugn vid 150°C/300°F/gasmark 2 i cirka 30 minuter tills de är gyllene och aromatiska. Hacka en tredjedel av nötterna grovt och mal resten fint.

Vispa äggvitorna hårt. Vänd ner citronskalet och två tredjedelar av sockret. Tillsätt citronsaften och vispa tills den blir stel och blank. Vänd ner resterande socker och mald mandel. Vänd ner den hackade mandeln. Lägg skedar av marängen på en smord och folieklädd bakplåt och sätt in i den förvärmda ugnen. Sänk omedelbart ugnstemperaturen till 110°C/225°F/gasmark ¼ och grädda i ca 1½ timme tills den är torr.

Chokladtäckta maränger

Gör 4

2 äggvitor

100 g/4 oz/½ kopp strösocker (superfint).

100 g/4 oz/1 kopp vanlig (halvsöt) choklad

150 ml/¼ pt/2/3 kopp dubbel (tung) grädde, vispad

Vispa äggvitorna i en ren, fettfri skål tills de börjar bilda mjuka toppar. Tillsätt hälften av sockret och fortsätt att vispa tills blandningen står i hårda toppar. Vänd ner det återstående sockret lätt med en metallsked. Klä en bakplåt (kaka) med bakplåtspapper och lägg åtta högar maräng på plåten. Torka marängerna på lägsta möjliga inställning i ugnen i 2–3 timmar. Kyl på galler.

Smält chokladen i en värmesäker skål över en kastrull med lätt sjudande vatten. Låt svalna något. Doppa försiktigt fyra av marängerna i chokladen så att utsidan täcks. Låt stå på smörfast (vaxat) papper tills det stelnat. Smörgå en chokladtäckt maräng och en vanlig maräng tillsammans med grädde och upprepa sedan med resterande maränger.

Chokladmintmaränger

Gör 18

3 äggvitor

100 g/4 oz/½ kopp strösocker (superfint).

75 g/3 oz/¾ kopp hackad chokladtäckt mynta

Vispa äggvitorna hårt. Vispa gradvis i sockret tills äggvitorna är stela och blanka. Vänd ner den hackade myntan. Släpp små skedar av blandningen på en smord och fodrad bakplåt och grädda i en förvärmd ugn vid 140°C/275°F/gasmark 1 i 1½ timme tills den är torr.

Chokladchips och nötmaränger

Gör 12

2 äggvitor

175 g/6 oz/¾ kopp strösocker (superfint).

50 g/2 oz/½ kopp chokladchips

25 g/1 oz/¼ kopp valnötter, finhackade

Värm ugnen till 190°C/375°F/gasmärke 5. Vispa äggvitorna tills de bildar mjuka toppar. Tillsätt gradvis sockret och vispa tills blandningen bildar styva toppar. Vänd ner chokladbitarna och valnötterna. Lägg skedar av blandningen på smorda bakplåtspapper och sätt in i ugnen. Stäng av ugnen och låt stå kallt.

Hasselnötsmaränger

Gör 12

100 g/4 oz/1 kopp hasselnötter

2 äggvitor

100 g/4 oz/½ kopp strösocker (superfint).

Några droppar vaniljessens (extrakt)

Spara 12 nötter för dekoration och krossa resten. Vispa äggvitorna hårt. Tillsätt hälften av sockret och fortsätt att vispa tills blandningen bildar styva toppar. Vänd ner resterande socker, de malda hasselnötterna och vaniljessensen. Skeda upp blandningen i 12 rundlar på en smord och fodrad bakplåt (kaka) och lägg en reserverad nöt på toppen av varje. Grädda i en förvärmd ugn vid 130°C/250°F/gasmark ½ i 2–3 timmar tills de är knapriga.

Maränglagertårta med nötter

Gör en 23 cm/9 i tårta

Till tårtan:

50 g/2 oz/¼ kopp smör eller margarin, mjukat

150 g/5 oz/2/3 kopp strösocker (superfint).

4 ägg, separerade

100 g/4 oz/1 kopp vanligt (all-purpose) mjöl

10 ml/2 tsk bakpulver

En nypa salt

60 ml/4 msk mjölk

5 ml/1 tsk vaniljessens (extrakt)

50 g/2 oz/½ kopp pekannötter, finhackade

För vaniljsås:

250 ml/8 fl oz/1 kopp mjölk

50 g/2 oz/¼ kopp strösocker (superfint).

50 g/2 oz/½ kopp vanligt (all-purpose) mjöl

1 ägg

En nypa salt

120 ml/4 fl oz/½ kopp dubbel (tung) grädde

För att göra kakan, vispa smöret eller margarinet med 100 g/4 oz/½ kopp sockret tills det är ljust och fluffigt. Vispa gradvis i äggulorna, vänd sedan ner mjöl, bakpulver och salt omväxlande med mjölk och vaniljessens. Skeda i två smorda och klädda 23 cm/9 i kakformar (formar) och jämna till ytan. Vispa äggvitorna tills de blir styva, vänd sedan i resten av sockret och vispa igen tills de blir styva och glansiga. Bred över kakblandningen och strö över nötterna. Grädda i en förvärmd ugn vid 150°C/300°F/gasmark 3 i

45 minuter tills marängen är torr. Överför till ett galler för att svalna.

För att göra vaniljsåsen, blanda lite av mjölken med sockret och mjölet. Koka upp resten av mjölken i en kastrull, häll över sockerblandningen och vispa tills den blandas. Häll tillbaka mjölken i den ursköljda pannan och låt koka upp under konstant omrörning, låt sedan sjuda under omrörning tills den tjocknat. Ta av från värmen och vispa i ägg och salt och låt svalna något. Vispa grädden tills den blir hård och vänd sedan ner den i blandningen. Låt svalna. Smörgå ihop kakorna med vaniljsåsen.

Hasselnötsmakronskivor

Gör 20

175 g/6 oz/1½ koppar hasselnötter, skalade

3 äggvitor

225 g/8 oz/1 kopp strösocker (superfint).

5 ml/1 tsk vaniljessens (extrakt)

5 ml/1 tsk mald kanel

5 ml/1 tsk rivet citronskal

Rispapper

Grovhacka 12 av hasselnötterna och slå sedan resten tills de är fint krossade. Vispa äggvitan ljus och skum. Tillsätt gradvis sockret och fortsätt vispa tills blandningen bildar styva toppar. Vänd ner hasselnötter, vaniljessens, kanel och citronskal. Lägg rågade teskedar på en bakplåt (kaka) klädd med rispapper och platta till tunna strimlor. Låt stelna i 1 timme. Grädda i en förvärmd ugn vid 180°C/350°F/gasmarkering 4 i 12 minuter tills den är fast vid beröring.

Maräng- och valnötslager

Gör en 25 cm/10 i tårta

100 g/4 oz/½ kopp smör eller margarin, uppmjukat

400 g/14 oz/1¾ kopp strösocker (superfint).

3 äggulor

100 g/4 oz/1 kopp vanligt (all-purpose) mjöl

10 ml/2 tsk bakpulver

120 ml/½ kopp mjölk

100 g/4 oz/1 kopp valnötter

4 äggvitor

250 ml/8 fl oz/1 kopp dubbel (tung) grädde

5 ml/1 tsk vaniljessens (extrakt)

Kakao (osötad choklad) pulver för att pudra

Rör ihop smöret eller margarinet och 75 g/3 oz/¾ kopp sockret tills det är ljust och fluffigt. Vispa gradvis i äggulorna och vänd sedan ner mjöl och bakpulver växelvis med mjölken. Skeda upp degen i två smorda och mjölade 25 cm/10 i kakformar (formar). Spara några valnötshalvor för dekoration, hacka resten fint och strö över kakorna. Vispa äggvitorna hårt, tillsätt sedan resten av sockret och vispa igen tills det blir tjockt och glansigt. Bred ut ovanpå kakorna och grädda i en förvärmd ugn vid 180°C/350°F/gasmarkering 4 i 25 minuter, täck kakan med smörfast (vaxat) papper mot slutet av tillagningen om marängen börjar få färg också mycket. Låt svalna i formarna, vänd sedan ut kakorna med marängen på toppen.

Vispa ihop grädde och vaniljsaft tills det blir hårt. Smörj ihop kakorna med marängsidan uppåt med hälften av grädden och fördela resten ovanpå. Dekorera med de reserverade valnötterna och strö över siktad kakao.

Marängbergen

Gör 6

2 äggvitor

100 g/4 oz/½ kopp strösocker (superfint).

150 ml/¼ pt/2/3 kopp dubbel (tung) grädde

350 g/12 oz jordgubbar, skivade

25 g/1 oz/¼ kopp vanlig (halvsöt) choklad, riven

Vispa äggvitorna hårt. Tillsätt hälften av sockret och vispa tills det blir tjockt och glansigt. Vänd ner resterande socker. Sprid sex cirklar maräng på bakplåtspapper på en bakplåt. Grädda i en förvärmd ugn vid 140°C/275°F/gasmärke 1 i 45 minuter tills de är ljust gyllene och knapriga. Insidan kommer att förbli ganska mjuk. Ta bort från plåten och svalna på galler.

Vispa grädden stel. Spruta eller skeda hälften av grädden över marängcirklarna, toppa med frukten och dekorera sedan med resterande grädde. Strö den rivna chokladen över toppen.

Hallonkrämmaränger

Serverar 6

2 äggvitor

100 g/4 oz/½ kopp strösocker (superfint).

150 ml/¼ pt/2/3 kopp dubbel (tung) grädde

30 ml/2 msk florsocker (konditor).

225 g/8 oz hallon

Vispa äggvitorna i en ren, fettfri skål tills de börjar bilda mjuka toppar. Tillsätt hälften av sockret och fortsätt att vispa tills blandningen står i hårda toppar. Vänd ner det återstående sockret lätt med en metallsked. Klä en bakplåt med bakplåtspapper och lägg ut små virvlar av maräng på plåten. Torka marängerna på lägsta möjliga inställning i ugnen i 2 timmar. Kyl på galler.

Vispa grädden med florsockret till den blir styv, vänd sedan ner hallonen. Använd för att lägga ihop par av marängerna och lägg dem på ett serveringsfat.

Ratafia kakor

Gör 16

3 äggvitor

100 g/4 oz/1 kopp mald mandel

225 g/8 oz/1 kopp strösocker (superfint).

Vispa äggvitorna hårt. Vänd ner mandeln och hälften av sockret och vispa igen tills det blir hårt. Vänd ner resterande socker. Lägg små rundlar på en smord och fodrad bakplåt och grädda i en förvärmd ugn vid 150°C/300°F/gasmark 2 i 50 minuter tills de är torra och knapriga i kanterna.

Karamell Vacherin

Gör en 23 cm/9 i tårta

4 äggvitor

225 g/8 oz/1 kopp mjukt farinsocker

50 g/2 oz/½ kopp hasselnötter, hackade

300 ml/½ pt/1¼ koppar dubbel (tung) grädde

Några hela hasselnötter att dekorera

Vispa äggvitorna tills de håller mjuka toppar. Vispa gradvis i sockret tills det blir hårt och glansigt. Häll marängen i en spritspåse utrustad med ett vanligt 1 cm/½ i munstycke (spets) och sprid ut två 23 cm/9 i spiraler av maräng på en smord och fodrad bakplåt (kaka). Strö över 15 ml/1 msk hackade nötter och grädda i en förvärmd ugn vid 120°C/250°F/gasmark ½ i 2 timmar tills de är knapriga. Överför till ett galler för att svalna.

Vispa grädden tills den blir hård och vänd sedan ner resterande nötter. Använd det mesta av grädden för att lägga ihop marängrundorna, dekorera sedan med resterande grädde och toppa med hela hasselnötterna.

Enkla Scones

Gör 10

225 g/8 oz/2 koppar vanligt (all-purpose) mjöl

En nypa salt

2,5 ml/½ tsk bikarbonatsoda (bakpulver)

5 ml/1 tsk grädde av tandsten

50 g/2 oz/¼ kopp smör eller margarin, tärnat

30 ml/2 msk mjölk

30 ml/2 msk vatten

Blanda samman mjöl, salt, bikarbonat av soda och grädde av tandsten. Gnid in smöret eller margarinet. Tillsätt långsamt mjölk och vatten tills du har en mjuk deg. Knåda snabbt på en mjölad yta tills den är slät, kavla sedan ut tills den är 1 cm/½ i tjocklek och skär i 5 cm/2 i rundlar med en kexutskärare. Placera sconesen (kexen) på en smord bakplåt och grädda i en förvärmd ugn vid 230°C/450°F/gasmark 8 i cirka 10 minuter tills de är väl jästa och gyllenbruna.

Rich Egg Scones

Gör 12

50 g/2 oz/¼ kopp smör eller margarin

225 g/8 oz/2 koppar självhöjande (självjäsande) mjöl

10 ml/2 tsk bakpulver

25 g/1 oz/2 msk strösocker (superfint).

1 ägg, lätt uppvispat

100 ml/3½ fl oz/6½ msk mjölk

Gnid in smöret eller margarinet i mjölet och bakpulvret. Rör ner sockret. Blanda i ägget och mjölken tills du har en mjuk deg. Knåda lätt på en mjölad yta, kavla sedan ut till ca 1 cm/½ i tjocklek och skär i 5 cm/2 rundor med en kexutskärare. Rulla om garneringen och skär ut. Lägg sconesen (kexen) på en smord bakplåt och grädda i en förvärmd ugn vid 230°C/450°F/gasmark 8 i 10 minuter eller tills de är gyllene.

Apple Scones

Gör 12

225 g/8 oz/2 koppar fullkornsmjöl (helvete).

20 ml/1½ msk bakpulver

En nypa salt

50 g/2 oz/¼ kopp smör eller margarin

30 ml/2 msk rivet kokt äpple

1 ägg, uppvispat

150 ml/¼ pt/2/3 kopp mjölk

Blanda ihop mjöl, bakpulver och salt. Gnid in smöret eller margarinet och rör sedan ner äpplet. Blanda gradvis i tillräckligt med ägg och mjölk för att göra en mjuk deg. Kavla ut på en lätt mjölad yta till ca 5 cm/2 tjocklek och skär i rundlar med en kexutskärare. Lägg sconesen (kexen) på en smord bakplåt och pensla med eventuellt kvarvarande ägg. Grädda i en förvärmd ugn vid 200°C/400°F/gasmarkering 6 i 12 minuter tills de fått lite färg.

äpple och kokos scones

Gör 12

50 g/2 oz/¼ kopp smör eller margarin

225 g/8 oz/2 koppar självhöjande (självjäsande) mjöl

25 g/1 oz/2 msk strösocker (superfint).

30 ml/2 msk torkad (strimlad) kokos

1 ätande (efterrätt) äpple, skalat, urkärnat och hackat

150 ml/¼ pt/2/3 kopp vanlig yoghurt

30 ml/2 msk mjölk

Gnid in smöret eller margarinet i mjölet. Rör ner socker, kokos och äpple, blanda sedan i yoghurten till en mjuk deg, tillsätt lite av mjölken om det behövs. Kavla ut på en lätt mjölad yta till ca 2,5 cm/1 tjocklek och skär i rundlar med en kexutskärare. Lägg sconesen (kexen) på en smord bakplåt och grädda i en förvärmd ugn vid 220°C/425°F/gasmark 7 i 10–15 minuter tills de är väl jäsna och gyllene.

Apple och dadel Scones

Gör 12

50 g/2 oz/¼ kopp smör eller margarin

225 g/8 oz/2 koppar vanligt (all-purpose) mjöl

5 ml/1 tsk blandad (äppelpaj) krydda

5 ml/1 tsk grädde av tandsten

2,5 ml/½ tsk bikarbonatsoda (bakpulver)

25 g/1 oz/2 msk mjukt farinsocker

1 litet kokt (tärt) äpple, skalat, urkärnat och hackat

50 g/2 oz/1/3 kopp stenade (urkärnade) dadlar, hackade

45 ml/3 msk mjölk

Gnid in smöret eller margarinet i mjölet, blandad krydda, grädde av tartar och bikarbonat av soda. Rör ner socker, äpple och dadlar, tillsätt sedan mjölken och blanda till en mjuk deg. Knåda lätt, kavla sedan ut på en mjölad yta till 2,5 cm/1 tjocklek och skär i rundlar med en kexutskärare. Lägg sconesen (kexen) på en smord bakplåt och grädda i en förvärmd ugn vid 220°C/425°F/gasmark 7 i 12 minuter tills de har fått en gyllenbrun färg.

Korn Scones

Gör 12

175 g/6 oz/1½ koppar kornmjöl

50 g/2 oz/½ kopp vanligt (all-purpose) mjöl

En nypa salt

2,5 ml/½ tsk bikarbonatsoda (bakpulver)

2,5 ml/½ tsk grädde av tandsten

25 g/1 oz/2 msk smör eller margarin

25 g/1 oz/2 msk mjukt farinsocker

100 ml/3½ fl oz/6½ msk mjölk

Äggula att glasera

Blanda samman mjöl, salt, bikarbonat och grädde av tandsten. Gnid in smöret eller margarinet tills blandningen liknar ströbröd, rör sedan i sockret och tillräckligt med mjölk för att göra en mjuk deg. Kavla ut på en lätt mjölad yta till 2 cm/¾ tjocklek och skär i rundlar med en kexutskärare. Lägg scones (kex) på en smord bakplåt (kaka) och pensla med äggula. Grädda i en förvärmd ugn vid 220°C/425°F/gasmark 7 i 10 minuter tills de är gyllene.

Dejt Scones

Gör 12

225 g/8 oz/2 koppar fullkornsmjöl (helvete).

2,5 ml/½ tsk bikarbonatsoda (bakpulver)

2,5 ml/½ tsk grädde av tandsten

2,5 ml/½ tsk salt

40 g/1½ oz/3 msk smör eller margarin

15 ml/1 msk strösocker (superfint).

100 g/4 oz/2/3 kopp stenade (urkärnade) dadlar, hackade

Cirka 100 ml/3½ fl oz/6½ msk kärnmjölk

Blanda samman mjöl, bikarbonat av läsk, grädde av tartar och salt. Gnid in smöret eller margarinet, rör sedan ner socker och dadlar och gör en brunn i mitten. Blanda gradvis i lagom av kärnmjölken för att göra en medelmjuk deg. Kavla ut tjockt och skär i trekanter. Lägg sconesen (kexen) på en smord bakplåt och grädda i en förvärmd ugn vid 230°C/450°F/gasmark 8 i 20 minuter tills de är gyllene.

Herby Scones

Gör 8

175 g/6 oz/¾ kopp smör eller margarin

225 g/8 oz/2 koppar starkt vanligt (bröd) mjöl

15 ml/1 tsk bakpulver

En nypa salt

5 ml/1 tsk mjukt farinsocker

30 ml/2 msk torkade blandade örter

60 ml/4 msk mjölk eller vatten

Mjölk för borstning

Gnid in smöret eller margarinet i mjölet, bakpulvret och saltet tills blandningen liknar ströbröd. Rör ner socker och örter. Tillsätt tillräckligt med mjölk eller vatten för att göra en mjuk deg. Kavla ut på en lätt mjölad yta till ca 2 cm/¾ tjocklek och skär i rundlar med en kexutskärare. Lägg sconesen (kexen) på en smord bakplåt och pensla topparna med mjölk. Grädda i en förvärmd ugn vid 200°C/400°F/gasmarkering 6 i 10 minuter tills de är väl jäst och gyllenbruna.

www.ingramcontent.com/pod-product-compliance
Lightning Source LLC
Chambersburg PA
CBHW070410120526
44590CB00014B/1332